U0610562

爱和成长，至死方休。

让我们相逢在更高处

LET'S MEET

AT THE PEAK

王潇 ·主编·

北京联合出版公司
Beijing United Publishing Co.,Ltd.

更高处有什么

▶ 文 / 王潇

> 自由和山巅上的空气相似，
> 对弱者都是吃不消的。
> ——芥川龙之介

在这本书里，我们终于相逢了。

我们见过面或者没见过，仿佛素昧平生，但是知道彼此的存在。在远处黑色的夜里，我们知道有人正在出发，和我们一样，打点行囊，深深呼吸，路上也默默擦泪，一抬头望见远方山峰的微光。

这是一些路上的人写给彼此的信，描述各自的出发，各自的半山腰，如何攀爬，低落和狂喜。道路竟然如此不同，但都由自己选定。而走了一阵后，你会发现，整个人生里的一切，都如上山途中，自下向上，越向上越困难，能交流的人越稀少，能看到的世界却越广大。当然难，但还是要攀爬吧，只活一次，只想看看高处的世界。

更高处有什么呢？

更高处有俯瞰的喜悦。当你终于站定，直起腰身，向下眺望，第一次看到了全貌。曾经困扰你的扑朔迷离的来路，突然全都清晰。原来另一条路更近，原来那条路本不必走，但没关系，毕竟是到达了这里。

更高处有风景。当四周再没有屏障遮挡视线，你看见天边极远的江河，残阳如血。你看见原来还有更远的地方可以去。

最重要的是，更高处会有你自己呀。你再抬头看看那远方山峰的微光，遥不可及，但有一天那里面会有你呀！

只有到达，见到那个人你才能看着他的眼睛说：原来你也在这里。

只有到达，你才能笑笑说：我来过，我见到过了，其实也没什么。

可以确定的是：在更高处，人会越来越少，去往高处的路上，你会倍感孤独，像那些真正的登山者一样。如果你已经出发在路上，这孤独由来已久。如果你对个体发展趋势、所在行业、目标和实施办法、下一个增长点一直探索但仍感到迷惘，可以认为你陷入的是"战略孤独"。这种孤独只有靠持续论证和时间推移才可以渐次解锁，基本伴随终生；看似结伴上路的人，其实也都是独自登顶的。没人陪吃饭陪看电影的孤独都算得了什么呢？

我也一样。继续去往远方山峰，但一路上会记得，那年在上海的读者见面会上，肩膀单薄的面包婶如何在人群中站起来，一句句讲出她的故事，眼泪涌出眼眶。

那年大程子如何在微博私信中发来她双腿手术后的照片，

触目惊心，紧接着是她的笑容，震惊得我久久说不出话。

那年，在 Shape Girl 马甲线大赛的舞台，郑怡和李思雨如何微笑着走上舞台，走入追光灯下，收获全场观众的欢呼赞叹。

在茫茫人海里，在这本书中，我们找到彼此，辨认出同类，激动地相遇。当有一天我们在路上相遇，当我们彼此拥抱，我知道是什么召唤你向远方出发。是因为远方山峰的微光，是因为山巅有云朵围绕，是因为云朵在山巅沸腾。

不然，有什么意思呢？

长久以来，
我独自攀登，
只为在更高处，
与你相逢。

Part 1　不要温柔地走进那个行业

纽约草　002

我曾五次经过的华贸桥　011

较量才是成年人的友谊　021

一个"斜杠青年"的成长之路　028

让我们红尘做伴　036

我们在高处相逢　045

目 录

×

contents

Part 2　平凡如斯　亦能抵达

总会过去，总会到来　054

我愿用200%的努力去换我成为20%的人的资格　066

跑了，你便懂了　077

在路上，这次爬北坡　086

行走的力量　095

Part 3　我不知道这样算不算幸运

29岁，我才开始变聪明　108

就把它当作一次神赐的悠长假期　117

我的亲戚是理工男　124

还不是因为穷　133

不存在的少女　142

Part 4　付出不一定有收获　学习和锻炼身体除外

念念不忘，必有回响　150

迟到八年的录取通知书　161

只有时间知道　170

生存与进化，本就是靠自己的事　179

所有的伤，都只为成为更亮的光　185

Part 5　用最爱的方式疯魔地活　活到淋漓

梦想并不是遥不可及　196

尽头没有别样的风景，但幸好，我曾路过　206

穿行在别处　215

后来，她成了一个战士　224

这世界没有弯路，只有必经之路　235

Part One

LET'S MEET
AT THE PEAK

不要温柔地
走进那个行业

坚持不是叫嚣着勇往直前，
不是抬起腿来就一口气跑到终点，
而是摔倒了站起来，摔倒了再站起来，
是重新再来的勇气，
是退三步走五步的我不放弃。

纽约草

> 文/王潇

生活最好突如其来，画面斑斓快如美剧，
入镜者都是对手戏，一个回合接一个回合，
逼人尽情接招做出准备。

第五次到纽约，我住在第 54 街，这样步行两个街区就可以到达曼哈顿西 57 街和第 8 大道交界处的赫斯特大厦。

这是我预备接任《时尚》中国大陆版主编的第一站，需要在纽约工作七天，其中两天要接受赫斯特国际版权负责人的面试。22 年来，这本杂志的中国大陆版只更换过两任主编。如果面试通过，我就是《时尚》中国大陆版第三任主编；如果面试没通过，后面五天的培训就可以取消了。

从北京到纽约的飞机上，我一分钟都没有睡着过。

因为我全无章法。对我来说，这是一个没有出题范围和参考题型的考试，根本不知道如何才能让面试通过。而整件事也有些玄幻，我从未在时尚杂志行业工作过，两个月前我还在自己的创业公司开着例会，接到一个猎头的电话之后，现在就到了纽约来面试主编。

但是纽约，我是确切地梦想过。

你可能在许多个下班后的夜晚，在走回家的路上，不论干冷还是湿热的气候，不论晴朗还是混沌的天光，你一直在想，到底哪里的生活是我想要的；有没有那么一个地方，供我热血长期沸腾。生活最好突如其来，画面斑斓快如美剧，入镜者都是对手戏，一个回合接一个回合，逼人尽情接招做出准备。又或者节奏突然放慢，阳光洒向广场，你坐在长椅上捧一杯红茶拿铁，面前人来人往。手机一震，终于接到一个消息，心里一喜或者一沉，转头望向秋日黄叶，对世事又顿悟一分。

这样的地方，应该是纽约吧，尤其是曼哈顿。

New York.

Concrete jungle where dreams are made of,

There's nothing you can't do.

我出生在北京，之后的很多年，我都以为北京是宇宙的中心，直到 23 岁那年我办公室的邻座女生 Heidi 无限骄傲的向我展示了一个录用函，来自纽约大学。

然后她打座机给她的朋友，大意如下：

"之前考过的试，都是小范围的。考得再好，就赢那些人，没意思。往上赢就是得基数大，水平高，国际化。"

"嗯当然了，国贸桥和曼哈顿还是区别很大的。我这些同事觉得国贸桥已经最洋气了，哈哈哈哈。"

那时的我坐在她的身后静静地听着，在认知里把国贸桥的洋气悄悄抹去。种草的最高级别，就是种下这样的城市草吧，城市就是生活本身。吃穿用度都可以向往后解决，唯有城市，拔草就意味着对新旧生活的拥抱和诀别。

　　我的纽约草种到了匪夷所思的程度。33 岁那年，我等待生育，人生第一次体验网购婴儿车，又兴奋又温馨。但就在那天，我怀疑自己可能注定无法成为一个甜蜜温柔的妈妈了。

　　因为，在浏览完所有舒适度、防震系数和便携度的婴儿车测评后，我被一辆纯黑色限量版婴儿车的广告击中。

　　画面上的妈妈推着婴儿车走在繁华城市的街头，纯黑色装扮，连同衣裙、墨镜、婴儿车；只有高跟鞋是银色的，连同身后大楼的玻璃幕墙，闪着凛冽的光泽。

　　文案说："在整个曼哈顿，只有极少数的妈妈，可以驾驭这辆全黑色碳素限量版婴儿手推车。"

　　我看呆。好的，就是这辆婴儿手推车，毫无犹豫，一秒下单。

　　女儿生下后，刚能说完整句子就开始问我，为什么其他女孩的婴儿车是粉色的，为什么她的婴儿车在夏天那么热。

　　我说："因为在曼哈顿，只有极少数的妈妈，才可以驾驭这辆手推车呀。"

New York.

Concrete jungle where dreams are made of,

There's nothing you can't do.

面试这天，我做了纯黑色装扮，连同衣裙、墨镜，只有高跟鞋是银色的。我站在赫斯特大厦门口向上仰望，三角形钢结构的玻璃幕墙折射出凛冽的光，仿佛一个超级城市的光辉。当然我知道光辉是我内心情结的投射，我也知道这建筑本身就是国际顶级时尚传媒业一百年的传说。

赫斯特国际版权负责人 Kim，已经在 16 层等我了。是的，赫斯特大厦 16 层办公室的装饰和布局就像你在《穿普拉达的女魔头》里看到的那样，开放通透，落地窗可以俯瞰整个曼哈顿；墙壁上和门廊陈列着当代艺术品，没有冗余装饰。我把这样的风格叫作：雪白华丽。

Kim 出现，就像你在《穿普拉达的女魔头》里看到的角色：高挑、神情倨傲、银色短发、极简黑衣，手腕上缠绕着金色的大型首饰。你只知道她又老又美，却无法判断她的年龄。Kim 从落地窗深处向我走来，在一张雪白的桌子前坐下，就像电影中的一幕。

没有寒暄，面试开始。

几张空白的 A4 纸，一支铅笔。我的双手开始出汗，纸一上来就皱了。

我不知道这属于哪种考试，是考逻辑、考概念、考审美、考沟通、考价值观、考标题艺术，还是考讲故事。因为都考了。两个小时里，Kim 没有笑过，提问越来越快，并且追问，问题之间不留思考时间。最初我期待能从她的反应里揣测出偏好，后来我放弃了。我明白这是一个根本无法有备而来的面试，你就是你本人；或者说，对于这样一种面试，你的准备就是你之前的人生总和，一五一十。

我的人生总和走到今天，几乎只剩下一种逻辑，我说如果我是这本杂志的 CEO，杂志是产品，收入是发行和广告，读者是用户。针对中国用户的特点 123，产品特点是应该相对应的 123，市场和品牌的做法也许是 123。Kim 最后嘴角动了一下总结：You are a real business woman.

我想，完蛋。

完蛋之后，我慢慢走回 54 街换上紧身衣裤和运动鞋，跑去了中央公园。我在湖边长椅上坐了一个中午，看着景色和人来人往，等心跳慢慢平静。这里是纽约啊！我对自己说。开始琢磨后面几天的溜达计划。

突然间 Kim 的助理给我打来电话，让我现在立刻马上，再过来办公室一下！

简直是破罐破摔，本来已经完蛋，曼哈顿黑裙和银色高跟鞋也在酒店，回去换已经来不及，穿个紧身衣裤就要去女魔头的办公室，我真是太棒了。而且祸不单行，说是奥巴马进城交通管制，出租车也打不到。跑到赫斯特 16 层我已经一头汗，还是迟到了。

生活最好突如其来，画面斑斓快如美剧，入镜者都是对手戏，一个回合接一个回合，逼人尽情接招做出准备。

我内心有点悲怆，隐约觉得这是命运。

Kim 问我："你是跑步来的？"

我说："对不起。"

Kim 问："你跑过马拉松吗？"

我说："跑过。两个半程马拉松。"

Kim 竟然笑了，指着身后柜子里的几个马拉松奖牌说："这是我的。"

然后又说："你上午说杂志主编就是 CEO 管理产品和用户。如果重新建立一个新媒体团队，按照这个思路，你画一个团队结构和工作流程，你怎么画？"

我边画边想，天啊，怎么还有加试。

画完了，Kim 认真看了一会儿，把我的作业收起来，又问："Facebook 有个谢丽尔·桑德伯格，写了一本畅销书叫《向前一步》，对很多职业女性非常鼓舞。中国有类似的畅销书作家吗？"

"有。"我说。

"这个人怎样的？"

"这个人就是我。我就是职业女性励志类畅销书作家。"我大言不惭地笑起来。

趁 Kim 还在惊讶地看着我，我拿出手机搜给她看我的书的照片和各种链接，吹嘘了二十分钟。

她很认真地听我吹完，盯住我的眼睛对我说：

"你应该来纽约生活。你这样的女人，竟然结了婚，还生了孩子，你真是疯了。"

从赫斯特大厦再次出来，我慢慢走到中央公园，阳光洒向草坪。手机一震，接到一个消息："《时尚》中国大陆版新主编，恭喜你！"

New York.

Concrete jungle where dreams are made of,

There's nothing you can't do.

这是我第五次来纽约。前四次旅行，我逛遍了整个城市；第五次是面试，从酒店到赫斯特大厦，七天里除了中央公园哪都没去。但是我知道，纽约草，我拔掉了。

作者简介：

王潇，"趁早"和"SHAPE YOUR LIFE"品牌创始人，《时尚 COSMOPOLITAN》前主编，畅销书作者，出版著作包括《和潇洒姐塑身 100 天》《三观易碎》《米字路口问答》《女人明白要趁早》（繁体中文版和三周年纪念版）及《按自己的意愿过一生》。

我曾五次经过的华贸桥

文 / 咸贵人

我没有车，就不会参与拥堵，

什么都没有原来也是拥有的另一种方式。

第一次

刚来北京的时候，我什么都没有。

没有学历没有长相没有背景没有经验，那是五年前的夏天，我住在发小租来的房子里，在她去上班时一个人无聊地趿着拖鞋溜达到天安门去看看，回来的时候我出了地铁就迷路了，怎么也找不到来时的公交车站。那个时候手机导航还没有迅猛发展到现在的样子，我问了好几个路人某路公交车在哪里乘，路人都摇摇头，不知道，你去那边看看吧。我一边往公交站走，一边发现，原来大城市是这个样子的啊，原来本地人也不知道某路公交到底在哪里乘，因为公交线路实在是太多了。也许有的人在这十几年，都没有乘过一次你问的这一路。

我在大望路来来回回地找公交站，第一次路过了华贸桥。

那是一个过街天桥，闪烁着绿色的灯光，"华贸桥"三个大字映入眼帘。当时还不认识奢侈品牌的我即便路过了金碧辉煌的新光天地，也没有对任何一个橱窗产生兴趣，而是驻足在华贸桥上，看着过往车辆川流不息，心里感叹，北京真大，世界真大；不是书本上抽象的三个笔划拼成的"大"，而是就算你不认识东南西北起码也要学会看地图的大，不然你很容易在下一秒找不到家。

第二次

我找到了一份离家不远的工作，在一家 B2C 网站当客服，每天接无数的电话，成了当初自己渴望成为的一个有"社会身份"的人。这个身份不需要多么高贵顶级，只需要能形容出，我是某公司的某某即可。

我挽着招我进公司的姐姐的手臂，有点羞涩有点担忧。她带我去最近的公交车站，跟我说你回家的路可以从这走。我连连点头说着感激，她说没关系没关系，你好好工作就好。我暗自发誓，一定要拼尽全力在这个岗位上做出成绩，好证明她招我进公司的确是好眼光。

我拼命工作，把当时有些惯性疲软的公司弄得鸡飞狗跳，频频越职处理事情，积极要求加班，因为下班后的我根本无处可去，工作就是我唯一可做的事情。也曾被同事排挤，坐在领导的办公室里像个被欺负的小媳妇一般嘤嘤啜泣，意气用事地拉黑了讨厌的同事，一度让工作陷入泥潭，还抱怨别人不为公司尽全力。

后来招我进公司的姐姐离职了，我第一次对"一辈子一起奋斗"的稚气想法动摇了。

第二次路过华贸桥，是坐在我直属领导的副驾座上，在夏日炎炎的周末驱车赶去郊外加班。很机械的劳动，站在暴晒的阳光下检票，站了整整一天，晒脱了皮，累得像个野人。

　　时间太晚了，已经过了堵车的高峰期，一抹转瞬即逝的绿色，像是畅通无阻的绿灯。当时工作了一年多的我已经从拼命且任劳任怨的状态开始学会了吐槽公司制度的不合理，我问领导，你待在这家公司这么久，是以什么样的动力坚持到现在的？他说，在公司一开始的创建上倾注了太多感情，人就舍不得放弃。它活也好死也罢，都想亲眼看一看。

　　我点点头，是的，没有人喜欢离别，尤其是自己耗尽心血建立起来的事业。虽然有不合拍的同事，但矫情和幼稚的情绪绝对不该用在工作上。最好的同事是并肩作战的护卫，最差的同事是心猿意马的叛徒，而你最该清楚的是，自己要攻下的城堡，到底是哪一座。

　　可是，到底是哪一座呢？

　　太孤独了，主动牺牲休息时间拼命加班有时候是病态的，因为你的休闲时间根本无处可去。而人没有了业余时间，有时候便意味着自己效率低下的开始。

第三次

　　我撒谎了。

　　跟公司说肚子疼，近两年来第一次请假，很快就批了，世界不会白白给你留有藏身之地。

安慰我早点回去休息。现在的我已经可以分清东南西北，也知道某个路口要往哪里。这次通过这座桥，我是要偷偷赶去面试一家新公司。

还未走上桥去，肚子真的应验疼了起来。我想这大概是背叛的惩罚，我脱离了队伍，想要去加入新的征程，原因是那边的工资可能更高一些。那时候对自己有些不齿又有些无奈，但我想要更好地生存，不得不如此。

那一次我怕堵车，来得比约好的面试时间早了一个多小时。站在华贸桥上吹着风，桥下依旧是川流不息的车辆。我终于明白，脚踏实地地工作是为了自己，不能感情用事；收获的每个经验，都是为了武装自己。

我或许仍然什么都没有，可我得到了厚脸皮般的一腔孤勇。我不能被困在原地，既然来到了更广阔的地方，我要努力试一试。

顺利通过面试后，我再一次从桥上走过，风很温柔。我没有车，就不会参与拥堵，什么都没有原来也是拥有的另一种方式。

第四次

新公司在华贸商务楼，但我租的房子在北边，我没有什么机会再从华贸桥上路过。每次都匆匆忙忙跑进地铁站，看不到桥，也看不到新光天地的奢侈品店。

新的老板睿智大气，在公司例会上说，你们应该多去前面的新光天地转一转，看一看里面自己买不起的东西；人的一切都可以累积，唯独审美很难改变。

我哪里敢进奢侈品店，那里的店员戴着白色的手套为顾客开门，让我觉得后背一凉。应该会被鄙视吧？毕竟我连项链上最小的一颗钻石都买不起。深吸一口气，我发现逃避是抗拒自卑最简单的方法。我才不需要奢侈品，那都是富人炫富的玩意儿！我拿着自己的煎饼果子，觉得这才是全世界最让人幸福的东西，脆弱又温柔，甜美又实诚。只是吃多了，人就会像吹气球一样胖起来。但没关系，我不需要精致的小礼服，我只需要坐在格子间里拼命努力，成为一个"幕后英雄"。

华贸桥上的风我没时间去感受，并且拒不承认这是逃避，只是安全地沉浸在自己的"性价比"里。

可是总有人会打破你的平静。失败的恋爱谈了一轮，被分手时矫情地钻进公司的洗手间里学着电视剧里的情节掉眼泪，咒骂生活雪上加霜不给人留一点点喘息的余地。我发现身边的同事莺歌燕舞，背着自己挣钱买来的包包，装着自己精彩的人生，只有我像个鸵鸟，一头扎进土里，还被呛得直流鼻涕。

深夜加班结束，我站在华贸桥上看着大望路灯火辉煌，感受着成人世界的交易，那就是世界不会白白给你留有藏身之地。

第五次

分手后又被朋友四处接济，搬到北六环外，上下班四个小时让你没有任何拖延的机会。我脱光衣服站在镜子前，发誓要和一身肥肉诀别，和从前的自己诀别。

只要选择开始，一切都还来得及。

阅读，健身，整理自己。收拾，规划，强迫自己。第一时间回邮件，不能拖一分钟，因为地铁关门后的打车钱和额外的光阴一样，你支付不起，那就必须认准目的地。

没有什么事情可以一帆风顺，在不断的失败过程中，我开始明白坚持的意义。它不是所有人叫嚣着的勇往直前，不是抬起腿来就一口气能跑到终点，而是摔倒了站起来，摔倒了再站起来，是重新再来的勇气，是退三步走五步的不放弃。

后来我早已经忘了为什么要经过华贸桥，也不记得这里曾经给我的期许，新光天地已经改了名字叫北京SKP。经过无数次跌倒再站起来，终于有时间洗净一身泥泞，鼓起勇气走进去，买了自己人生的第一只奢侈品包包，给予自己第一个奖励。突然想要再吃一次味道最好的煎饼，我挽着朋友的手臂，陪她下地库去取车。华贸桥还是那座桥，闪着绿色的光，比起五年前好像旧了一点，可依旧伫立在那里，像从前我第一次经过时那样，闪耀，迷人，充满吸引力。

不会倒塌的坚固之下，都有很深的根基。有人说经过是一场一场徒劳而返，而我却觉得，经过是一次次练习，无论成功还是失败，都是今后重新再来的能力积蓄。征服一座桥如同占领一块地，虽然北京这么大，依旧没有我支付得起的房子，可我已经有能力换取自己片刻的安宁，那是付出无数努力后的小憩，是硝烟过后彩虹的灵光一现。我走过去，因为我知道，未来还有无数征战，失败和成功都是暂时的，每次经过都是打卡，建立一个新的标杆，意味一次新的开始。

我曾经走过五次的华贸桥，还有更多人每天来来往往，寻找着自己的目的地。也许人生并没有目的地，因为每个终点，都是起点；每次占据，都是经过而已。但我还没放弃，我也将永不言弃。

华贸桥，我爱你永无止境的生命力，我每一次经过都是新的开始，而你永远站在这里感受风风雨雨。我们都将老去，只有你青春永驻，搭起别人路过片刻之地，帮助他前往自己想要去的地方。谢谢你见证过我的虚伪，我的胆怯，我的逃避，我的猥琐，和我所有的努力。

虽然我曾经跌倒，可我永远不放弃，下次再见面，希望我更有勇气和魄力，如同你每晚绿色的光芒，为每个人公平地写下："这个新的世界愿意为你搭起一座桥，欢迎你的光临。"

作者简介：

咸贵人，新浪微博人气博主，青年写作者。出版作品《喜欢你是我做过最好的事》。微博 @咸贵人。

较量才是成年人的友谊

▶ 文 / 裴大白

棋逢对手精神爽，

"不打不相识"的友谊更可能地久天长。

"较量"，不失为感情上一种聪明的表达形式。

我司在行业内有个竞争对手，公司 F。

由于成长路径、业务模式有相似之处，我们的很多产品和运营动作难免被认为是步调一致。

尽管两边都不愿意承认，但这么些年，我们谁也没干掉谁，还都找了挺有钱的爸爸。

我这个人，你们知道，干起活来就是只斗鸡。F 干什么我都看不顺眼。每天到了公司，一甩书包，我就开始吭哧吭哧刷对方的网站和客户端。

对方又换专题了，网页又迭代了，App 又更新了，又上线新游戏了，又发公关稿了……一看要跺脚，二看要发飙。

我伪装成无知小白，没事儿就找他们的运营号聊天。

"哎哟，你们又搞活动啦？占楼占楼！"
"哎哟，活动有多少人参加呀？看起来真热闹呢！"

身披一层活跃用户的皮，特别臊气。

过生日。李同学问我有啥愿望。

我想了想，说，勇闯 F 总部大楼，炸平敌方核心团队。

半晌。李同学一根中指戳过来。

"你你你。小肚鸡肠。丧心病狂。"

有一天，W 来公司找我玩。

这位大美女，年纪轻轻就步入了人生赢家行列。她是一款负责面向年轻人的游戏 App 的商务总监，同时也算是团队的合伙人。

吃完饭，我们聊起她的 App。

我问，你们竞品是什么？做得怎么样？

W 给我讲她家的竞品，眉飞色舞。

我说，赶紧，立刻，马上，搞死他们。

美女脸一横。

"那怎么行？他们可千万别倒，不然我们连对标都没了，还做个什么劲！"

她一脸真诚。

"他们最好越做越牛，那说明我们也在进步，这个市场也有的玩；要是他们撤了，就轮到我们怀疑人生了呀。"

送走 W，我打开 F 公司的页面，琢磨 W 说过的话。

你别说，有点儿意思。

我经常看一个收集读者来信的公众号。

这一天看到这么一封信。

说有一位女士，在工作岗位勤勤恳恳，摸爬滚打，终于升任高级经理，和另一个高级经理平级了，两个人一起负责同一个项目。这个高级经理是名校海归背景，工作能力很好，她曾经十分仰慕。

多好的事！

然而背景好的高级经理心有不甘。这个名校海归，在茶歇的时候嚼舌，一个破二本学校出来的，能有什么好点子？

这位勤奋的女士不慎听到，略感伤心。料想高级经理下午开会，人前笑靥如花，说，你放心，我全力支持你的想法。

她夜不能寐，写信倾诉。

"这样一个势均力敌的对手，为什么要存在？她的存在，就是为了衬托我的平庸和难堪吗？"

我现在觉得，上帝对这位女士，其实不薄。

因为她在人生的上升期，有幸遇到了一个能助推她前进的"对手"。

一个优秀的同行跟你明里暗里互相较量和争夺，其实是非常好的工作状态，这并不代表，她的存在是你工作中的毒瘤。

她拿到新项目，你不服气，非要拿到一个更大的；你做到 A，她看不顺眼，硬是咬牙拿到了 A+。

你们两人，都变得更棒了。

你们两人，未尝不能成为好朋友。

如果没有 F 公司隔三岔五洗我司的稿子，我们的内容团队，大概对于写出好文章这件事并不会油然升起"不得不为"之压力，以及"我们做得还不错"之信心了。

　　如果没有 F 公司敏捷而精准的产品迭代，糟糕但勤奋的 UI 设计，我们大概也不会迅速明白，这个行业里的用户痛点，原来在这里。

　　想想看，两个彼此佩服得五体投地、彼此吹捧认可的人，会有什么真正的友谊？两个人吹着吹着，就能成为世界第一？

　　想想看，你的闺密、好友不是苦口婆心地指出你的缺点，帮你改进，而是天天哄你说"亲爱的不要理那个傻子"，长此以往，有多可怕？你会不会觉得全世界只有你正确，其他人都傻？

　　较量是生活里的辣椒水和浓咖啡，让你不爽到嗓子眼儿，却清醒地认识到，什么才是自己更应该有的姿态。

　　你对面始终站着一个势均力敌的人，提醒你，保持警惕，保持敏锐，不止步，不松懈。

　　你想，若是你修炼多年，兴致勃勃地下山，居然打不了几场旗鼓相当的漂亮仗。空有一身好功夫，你这个高手拆不了大招，手里的武器出不了刀鞘。

　　独孤求败，真是寂寞如雪啊。

　　还不如堂堂正正到处决斗，光光明明一起竞争。

　　《欢乐颂》里那句话怎么说来着？

　　常与同好争高下，不与傻瓜论短长。

较量是生活里的辣椒水和浓咖啡，让你不
爽到嗓子眼儿，却清醒地认识到，什么才是自
己更应该有的姿态。

对于成年人来说，逛逛街吃吃饭喝喝酒，最多只能算上了友谊的小船，哪天一言不合，说翻就翻；反而是那些彼此宣战、正面交锋的时刻，你被逼得使出浑身解数，兵来将挡，水来土掩，一场交战后，说不定两人还惺惺相惜。

棋逢对手精神爽，"不打不相识"的友谊更可能地久天长。"较量"，不失为感情上一种聪明的表达形式。

若是一男一女，说不准还就能成就一艘爱情的巨轮。试试看。

作者简介：

裴大白，穷游网运营主管，前四大咨询顾问，文学硕士，被读者称为"关爱人类小组著名写手"。持续学习者，阅读狂人，倡导"做斜杠青年，人生别设限"，从咨询圈跑进互联网，一步一步打造出自己想要的生活。原创公号：面白，欢迎勾搭。

一个"斜杠青年"的成长之路

▶ 文 / Susan Kuang

人生中无论遇到任何事情，

我都要意识到自己有选择的权利，

我可以选择消极被动，也可以选择积极主动。

在十几岁那个浪漫而又充满幻想的年纪，我对自己的未来有过无数次的设想，我猜想自己可能是设计师，或者是公司高管，也有可能是投行的金融分析师，有个深爱着自己的老公和一群可爱的儿女，爱情则是我幸福的重要来源，然而我万万没想到的是，现实中的我成了一个热衷于理性与科学的独立女性，不依附于任何公司却有着多重收入，过着自律又自由的生活，爱情与婚姻并没有成为我的人生重心，取而代之的是读书、思考和写作。但我十分肯定的是，我比任何时候都快乐。

曾经的我以为"人生是一道单选题"，只能选择一项事业或方向作为自己一辈子的追求。当我感到自己一直苦苦修习的绘画、计算机、英文都不是心中理想的发展方向时，只能忍痛放弃。正因为如此，直到研究生毕业，我还在不断地在"寻找，放弃，再寻找"的循环中苦苦挣扎。

最终让我跳出这个循环的是在美国工作的那段经历。商学院毕业后，我成了美国俄勒冈州政府的一名分析员。这份工作本身对我的意义倒不是很大，但是那段舒适悠闲的工作生活却给了我充足的自由支配时间。在意识到自己不需要再为了成绩而拼命努力，而是可以放慢脚步开始享受生活之后，我突然有了一种想探索全新生活的冲动。这种冲动唤醒了我对艺术的渴望，它就像黑暗中划过的一道亮光，驱散了我内心的阴霾，让我暂时克服了消极与不自信，并鼓足勇气重新开始学习绘画。至今，我还清晰地记得上课前那个无比紧张与害怕的自己，不过，当我重新拿起画笔时，这些情绪瞬间烟消云散：尽管已有十年没碰过画笔，但功底还在。这次体验让我回想起了儿时与画画为伴的美好时光，也让我触摸到了久违的自信与快乐。于是，我开始坚持每周画画，人也逐渐变得自信起来。

在绘画课上，老师推荐了一本书，叫 The Artist's Way。这是一本类似艺术心理治疗的书，由十二个部分组成，每个部分关注一个主题，并有相应的自我练习，读者需要在十二周内根据引导完成所有练习。作者 Julia Cameron 想通过这种方式帮助读者探索内心不自信的根源，然后一步一步找回自己的创造力，重启艺术之路。这是一本世界级的畅销书，我在很久之前就听说过，并且还知道全球很多地方有自发的学习团体，成员定期聚会共同学习和实践书中的方法。我特别渴望加入这样的学习团体，然而当我在网上搜索相关信息时，却失望地发现我居住的城市没有这样的学习团体。也许是因为内心的渴望太强烈了，就在那一瞬间，我头脑中突然冒出一个想法：如果没有，我为什么不自己去创造呢？我不知道那股自信与勇气从何而来，然而这种突如而来的思维转变让我与过去的自己来了次彻底的告别。

那是我人生中最重要的转折点。有了那个想法，我便立即开始行动，最后成功招募了 8 位成员加入我的学习团体，在我的组织下，大家每周定期见面和学习。这件事情给了我很多自信，从那以后，我决定不再被动地等待机会，而是要主动去创造自己想要的生活。紧接着，我开始尝试更多新鲜的想法：我创立了一个名为 The Thinker Group 的组织，每月组织一次主题论坛，邀请嘉宾就该主题与参与者进行探讨；除此之外，我还加入了国际演讲俱乐部 Toastmasters，在 4 个月内成功完成了 10 场演讲；我甚至在离开美国之前，还为自己策划和举办了首次个人画展，以此来告别美国的生活。

走之前，我给自己写下了一句话"You have a choice"，目的是提醒自己，人生中无论遇到任何事情，我都要意识到自己有选择的权利，我可以选择消极被动，也可以选择积极主动。这句话成了我生命中最重要的一句话，因为它让我相信自己的力量：我不需期待别人给我想要的生活，我想要什么样的生活，就会主动去创造。

带着这种信念，我回到北京，投身于互联网行业，并在工作之余继续折腾，打造了一个又一个圈子，做了许多精彩而有趣的事情，例如创办女性社区，做自媒体，写个人杂志，开舞蹈工作室等等，而这五年互联网工作经历以及业余做的各种事情让我积累了足够的实力。

其实，在接触到"斜杠"这个概念之前，我已经过了好几年"斜杠式"生活，只是那时候没有一个词能够概括这样的生活和我们这类人。"斜杠青年"这一词来源于英文 Slash（斜杠），不过英文原词中并没有"青年"的意思，所以 Slash 实际上与年龄毫无关系。这个概念的提出者是纽约的一位专栏作者 Marci Alboher，她在 2007 年写了一本名为 One Person/Multiple Careers 的书。之所以写这本书，是因为她发现了身边一个有意思的现象，那就是身边很多人拥有不止一种身份，例如她书中提到的：Sanjay Gupta 拥有神经外科医生和 CNN 新闻记者的双重身份，Dan Milstein 不仅是计算机程序员，还是戏剧导演，就连诺贝尔化学奖得主 Ronald Hoffmann，还有着诗人和剧作家的身份。"斜杠青年"这个理念让我兴奋不已：原来我并不是孤独的另类，原来这个世界上还有很多像我这样的人！

2015 年我终于鼓起勇气给自己翻开了人生的新篇章——离职，并开始了全新的生活。我曾经和所有顶着 MBA 光环的商学院毕业生一样，把自己的职业目标设定为成为一名优秀的职业经理人，我梦想能够在职场叱咤风云，渴望拿着高薪过上中产阶级的"幸福生活"。可是，过去几年职业生涯中，我慢慢发现了自己的性格与职业目标之间冲突的一面：我生性热爱简单和自由，不喜欢复杂的人际关系，不愿意去管理他人，更不愿被限制与控制。意识到这一点让我变得左右为难，只能痛苦地在职场里摸爬滚打。

离职这个决定迫使我想通了一件事情：仅为了每月的工资，去忍受那种无聊的办公室斗争，浪费才华做一些无法体现自己价值的事情不值得。赚钱最根本的目的是为了满足基本生活所需，在基本生活已经得到满足，甚至相当舒适之后，还拼命牺牲本可以用来自我修养的时间来换取基本生活之外的奢华实在是没有必要。

可以说，我目前采用一种新型生活方式——一种"斜杠式"的无边界人生。无边界的含义是广泛的，它可以指职业和收入的无边界，也可以指工作方式的无边界，即没有限定的工作场所，没有固定的雇主，没有固定的合作伙伴，更重要的是它是一种心态上的无边界——人生没有必须或一定，人生有无限可能。我想打破边界，是因为那些所谓的"边界"都是人为定义的，它们并非永恒不变，也并非理所当然。只要我们能够突破心中的自我限制，那么我们就为自己的人生打开了无数扇窗，带来了无限可能。这样的多元人生才是真正值得期待和追求的人生。

尽管我从职场过渡到"斜杠青年"的这条路走得还比较顺利，不到一年时间我的收入就已经超过了离职前的收入。但是坦白说，在刚刚离职的时候，我还是经历了一个没有安人生没有必须或一定，人生有无限可能。

全感的时期，因为未来要面临的确定因素太多。不过最让我纠结的是，我害怕万一哪天遇上一种花费很高的病，自己没有足够的资金去医治。某天，和好友聊天时，我无意间谈起了自己的顾虑，结果她一句话便彻底打开了我的心结："如果实在没钱治，那就别治了呗。"我恍然大悟，是呀，为什么要如此执着于"生"呢？所有生命都将在某个节点结束，不过是时间早晚的问题，而生命是如此无常，以至于我们根本无法预知明天和意外哪个先来，所以与其担心未来，牺牲现在去为那些可能的意外做准备，还不如好好地用心把每一天过好。人这一辈子，最可怕的不是死亡，而是当死亡来临时，你突然发现自己从未用自己想要的方式活过。

作者简介：

Susan Kuang，独立创业者，留美 MBA，Linkedin 专栏作者，著有《斜杠青年：如何开启你的多重身份》，推崇"工作生活统一"的生活方式，和"斜杠式"自我发展策略，专注理性科学思维和知识的融通，目前正在系统学习大脑科学。

让我们红尘做伴

> 文 / 鱼沙爹

没有一个故事真正画上过句号，
谁知道未来还会发生什么呢？
这才是最吸引人的。

1

团队的人事明玉姐说，我是她招进来的第一个趁早粉丝。一般来说，有喜感的故事一定要有粉转黑、黑转路人的情节。没说过的细节是，我曾经对趁早有过保留，甚至一度取关过潇洒姐和"趁早"。现在来看，正是这个第三视角观望的过程，反而让我对现在的选择笃定不疑，是的，我属于这里。

工作对我来说像是谈恋爱一般。判断是否喜欢正在做的工作，标准简单粗暴：每个工作日早上是否能精神抖擞地出门，每个周日晚上是否强烈期待周一的例会，每个春节、黄金周长假是否变态地期盼假期赶紧结束。

我对 2012 年毕业后的第一个"男朋友"留恋至今。那是一家社会企业，在北京的北五环边上，一栋逼仄的居民楼里。我和我的同事安猪、Linda、长长、柏侬、猫猫六个人一起，为了改善中国乡村学校的教育质量，设计了一系列创新的流程与教学工具。安猪是公益项目"多背一公斤"的发起人，在实地走访的过程中，发现乡村学校面临的比较普遍的问题是，没有老师有能力教授音乐、体育、美术这类素质教育课程。为了能让老师轻松地开展教学活动，我们设计了"一公斤盒子"。这是一套系列的教学工具包，第一年，团队一共开发了四种盒子：阅读盒子、美术盒子、戏剧盒子、手工盒子。

后来，我们又开发了更有意思的健康盒子、地震盒子、零食盒子。特别让人自豪的是，这个项目还入围 2016 年世界教育创新峰会的教育项目奖。

那是一段非常有趣的时光！当你知道你是促成某件事的一分子时，这实在是令人振奋而无法抗拒的。这就是传说中的使命感，Make a dent in the universe。2013 年年初，团队在广州东山口的 Mao's Space 开年会。轮到我发言时，说到动情处，一个没搂住，我木讷地跟大家表白：真的好爱大家，好爱这个团队。

这段工作经历对我意义最大的是，我认识了女神 Linda。2013 年，女神还是一个正经的褒义词。Linda 是成都人，黑黑的、小小的一只，却能量满满。她 11 岁随家人一起去了加拿大，然后在那边待到研究生毕业，因此她总是开玩笑说自己是外黄内白的香蕉人。大学的时候她从多伦多来到中国的一个农村支教，然后就一直"混迹"在中国农村。

她太特别了，"跨界"可以算是她人生的关键词。在加拿大学生物科学，回国当支教志愿者，在社会企业里做教育产品的设计开发，现在她又一次酷酷地去村儿里开始种田。前不久看她朋友圈，Linda 站在田地里插秧，肤色越来越黑……

女神在生活中的具体应用就是，她已经拥有了你想要的结果，你只要观察学习她达成那些目标的方法，然后做同样的事。

　　小时候，我的榜样是《哈利·波特》中的赫敏·格兰杰。那时好希望变成像她一样的学霸：怀里总是抱着一摞书，课堂上老师问的问题无所不知，期末考试回回第一。上了中学，开始知道美了，榜样变成了同班一位学过芭蕾舞，气质极为突出的女生。跟这位纤瘦姑娘做同桌的那一段时间，是我身高不变后人生最瘦的时期。再之后，榜样变成了Linda。她非常喜欢涂红色指甲油，所以直到现在我仍有一个习惯，灰头土脸的时候，也涂上一手的红色指甲油，假装自己是她，暗自琢磨如果是她，她会怎么做。

　　毕业至今，无疑她是对我最重要的人，而这样的人势必能激发自己天性中的潜能。所以两年后，我也成了她，一个热爱工作的狂人。

　　后来离职，反复思量这份工作带给我的启示：我认为中国的教育不公平现象是客观存在的，未来很可能会因为技术的不断革新和人口结构的变化而得到改善；跟Linda和安猪共事，让我意识到了自己思维上的很多盲区；我也大概明白了，到底什么是热情，什么是契约精神，什么是靠谱。

　　离职后一度非常懈怠，沮丧地想，完了完了，第一份工作的标杆太高，怕是再也找不到那么好，谁都比不上的"男朋友"了。然而你看，2015年4月，出现了转机，我向"趁早"投了封简历。

2

在我的"印象笔记"中，有一篇深藏在列表最下方的文章，每次我总是快速地略过它。那是一篇工作检讨。

人的大脑总是倾向于把不愉快的记忆深埋起来，把充满挫败感的细节砍掉，这样讲故事是危险的。

在社会企业工作，有它的局限性，尤其是在中国。处在这个圈子里，很容易站在道德制高点上自嗨，觉着好有成就感，我正在做与众不同的事。自己就是女超人，出手就有。在"趁早"工作的这段经历是幸运的，"趁早"社群骨子里实际上就是一个公益性质的组织，我能够迅速地理解这件事情。而不幸的是，公益组织对工作能力的锻炼，始终是不及商业企业的。

加入"趁早"大概三个月之后，我第一次独立负责项目，那是和腾讯公益合作开展的一个线下活动。那会儿经验不足，和团队没有现在似的默契，发生了很多令人抓狂的"事故"。

潇洒姐和塔塔，还有五支"趁早"队伍，在张掖参加百公里的徒步。当地的地形比预想的要艰难得多，徒步的第一天，很多人受伤退赛。潇洒姐和塔塔非常担心一起徒步的五支"趁早"队伍，想知道大家的状况如何。我是所有参赛队员的直接对接人，所以她们试图通过我了解大家的状况，但

不断地意识到以前的自己是多么傻，这个过程，
通常被人们叫作"成长"。

是微信、电话却没有任何回应。

夜间，张掖的驻扎营地一片混乱，无法辨认。当时她们在那边急疯了……

等我终于接到她们的电话，塔塔非常严厉地说："这种时候怎么能大撒把什么也不管了呢？"

总而言之，我就是"猪队友"。

从张掖回来，潇洒姐找我谈话，毫无保留地表达了对我的失望："你现在的工作能力在公司排最后一个。"

办公室里是令人窒息的一阵沉默。

人总是有获得认同的诉求，尤其是来自看重的人。

面对这种判决，有人可能会一蹶不振，有人可能会暗暗握紧拳头重新铆劲儿。就像那个蒙头往下落的小球，七拐八拐，无法知道最终会落在几号格子里。转机通常就在这种时候。

再后来，每一次公司来新人，我从不吝于分享这一次经历。每次复述大姐的那句话，还是会下意识地倒抽一口气。不断地意识到以前的自己是多么傻，这个过程，通常被人们叫作"成长"。

3

在人类学中，有个邓巴数字理论。说一个正常的人，在同一时间段，所能维持的最大社交量约为 150 人左右，而能维持深度交往的在 20 人左右。这样算来，除去家人至亲所占的额度，剩下的配额显得那么稀少珍贵，当然要寻找到同类才行。

成为"趁早"读书会、跑团的小总管，让"找到同类"这件事情变得简单了许多。

在互联网公司，我的职位一般叫作用户运营。文字是有情绪的，我一直觉着这个叫法冷漠，拒人千里，没有人情味。所以，我把工作邮件的后缀签名一律改成了就像橙子一般明亮热烈的"小总管"，一如我最初应聘时这个职位的名称。

在日常工作中，我同时面对所有人，"所有人"同时面对我。工作庞杂而琐碎，每一个小细节都暗藏魔鬼，只有自己执行过，才知道在这个过程中到底会面对什么。

读书会、跑团的组织性质决定了很多日常的沟通是在八小时工作之外的，我的工作与生活也因此不分彼此，热闹而充实，每一天都没有被浪费，事情在一件一件做。所谓千金难买我乐意，就像真正的喜欢，就是说不上理由，我们做的正是我们所坚信的。去年"趁早"大会会长专场结束后，在武汉"趁早"工作的婷婷发来一条微信消息：我会守护好这颗小星球的……

是啊，因为它值得我们守护啊！

一个伟大的组织和社会革命很像，他们能激发出人们的灵感和热忱，实践这个组织的精神，跟别人分享这个精神，甚至会想办法让这个组织变得更加繁荣。他们挥动手臂，想要把那些能够感召他们的信息，传递给更多人。趁早星人因此聚集起来，而且，越来越多。

4

听着动力火车的《当》，写下这些文字，突然想到 2016 年 1 月跨年写下的新年寄语：Let's stay in each other's lives. 此刻应该应景地翻译为：让我们红尘做伴，活得潇潇洒洒。

没有一个故事真正画上过句号，谁知道未来还会发生什么呢？这才是最吸引人的。

作者简介：

鱼沙爹，脸圆肤白心灵美，放假第三天就想上班的工作爱好者。加入"趁早"后，成为读书会、跑团的小总管，每每想到和小伙伴们一起做的事情能够影响中国数十万女性就觉着很牛。要写进中国女性发展史的呢，没闹。

我们在高处相逢

> 文 / 小 V

人生除了上就是下，
根本没有平路可言呀！

说句实话，不认识王潇前，我对她还是有些误解的。

她每天在微博上的表现让我觉得这人有点儿"装"，谁也不可能一天二十四小时都那么正能量吧？多累啊。后来机缘巧合，我们相遇，我惊呆了，因为从来没遇见过这么有干劲儿的人。那种干劲儿不是只在网上表现出来的，而是私下里也是能量满满。我们第一次约饭是吃牛排，她边吃边说："我特别喜欢吃牛排！因为牛排让我感觉很有力量！"我立刻觉得自己的肱二头肌结实了。

我不是一个天生就有紧迫感的人。在职场摸爬滚打那么多年，我的取胜特点竟然是"心态好"，别人挨了批评可能会一蹶不振，而我挨了批评可能吃顿饭就忘了。简单来说，我的进步是需要别人来督促的。

我在公司里升职到合伙人之后（补充一点：在我们这个行业里升为合伙人并不那么容易呢，这是我最骄傲的一件事）曾经有过一个想法，我的人生终于可以开始享乐并且不思进取了。然后很偶然，我参与一个公司内部的论坛，听到另外一个女合伙人谈起她的一些感想，她说："我和有些朋友聊天，她们说人生走到一定时刻就可以开始走平路了。"我一听，哎，这不正是我的想法吗？接着她说："我太震惊了！怎么会有人这么想?！人生除了上就是下，根本没有平路可言呀！"

那次的论坛我是其中一个演讲嘉宾，底下是听我们传授经验的大学生，但是我相信，底下的每一个人大概都没有我所受到的震撼大。对啊！人生没有平路可言！

震撼过后是满满的危机感，我又开始审慎地思考自己如何才能"百尺竿头更进一步"。然后发现，从小事到大事，如果想进步，那会发现需要进步的"点"太多了。

我们的内心都会接受"自己喜欢的那个自己"，而很少有人会发自内心地讨厌自己。当自己变成了"不是很让自己满意的自己"的时候，我们会调整心态，像阿Q一样看待这一切，去捕捉那些让自己感觉到舒服的信息，让自己以为其实"自己没有那么差"。

以上这段话理解起来稍微有些绕，我举个例子。要让一个人自省是很难的。我曾经有段时间工作不是很负责，很多事糊弄糊弄就过去了，出了很多错，给其他同事添了很多麻烦。但是我当时根本不认为自己是个"讨厌"的人，我会安慰自己说"工作是特别不重要的事，我自己过得舒服最重要"。那段时间我也很爱看那些"如何从职场逃跑"之类的文字，这就是在我无意识的状态下挑选对自己有利的信息，试图去解释自己的行为。

这种情况我在网上碰到得特别多。例如在股市大跌时，有些专家会站出来说："股市已经到底了，马上要迎接牛市啦！"这种言论特别受欢迎，底下很多人留言："老师真是业界良心！"但是有些专家可能会说："股市远没有见底，要谨慎投资。"就会看到底下很多人骂他，说他："政府就应该把你们这些人抓起来！"为什么呢？因为这些留言的人一定买了股票，不希望股市跌，所以接受不了股市继续跌的信息，不爱听，却全然不管之后证明后一个专家才是对的。

每个人都会有偏向性地获取信息，对"我"不利的信息有可能会被我过滤掉。比如，你还没有买房，但是房价却蹭蹭地涨，于是你可能会特别爱看那些关于楼市大跌的文章，而去屏蔽掉任志强的言论，或者看到任志强三个字都很生气。在过滤信息的过程中，事情的真实性反而可能被忽略了。

因此说，从一个旁观者的角度看待自己是很难的。旁观者视角在我看来就是"上帝视角"。

我一直试图从一个旁观者的视角去看自己："我是不是变丑了？我是不是很烦人？"我希望能够保持对自己的一个中立看法，这样才能真正去自省以及做出相对正确的决策。

虽然我比较懒，但是我非常渴望成功，也渴望有很多钱，这是我的欲望，我一点儿也不觉得耻辱，欲望是鼓舞我前进的基石。我爸说过一句话："那些声称'成功'不重要的人都挺坏的，因为他们明明都已经成功了。"在欲望的鞭策下，我不得不去努力前进。

我其实挺感恩自己的这份职业的，虽然忙，虽然带给我很多白头发，但是也让我认识很多特别牛的人。他们的牛不在于"有名"或者"大V"，而是他们对自己的要求和对人生的追求深深地影响了我。这些牛人里有我的上司，也有我的下级。

我的团队里有个经理，我是看着她成长起来的，但是我从来没想到她有朝一日会变成我团队中的"重要人物"，因为我一直以来觉得她能力有限：做事情较真，不能多项任务同时处理，容易着急，专业技能一般，情商一般，这些几乎都是我们行业里的硬伤，她能做到经理级别就已经很不容易了。而且我作为一个在这行稍微有点儿天赋的人，不是太相信这些硬伤可以通过后天的努力来弥补。

可是这位经理的进步几乎是爆发性的，她付出了比别人更多的时间，扎在工作里认真去思考每一个细节，我对她所讲的很多经验，她真的都听进去并且记住了。她对我说："有一次我的工作做不好，被经理要求重做了，当时我就想：绝不能再让这种情况发生。"而这件事其实发生在五年前，她竟然还记得。

我团队里的人，进步都是"蹭蹭蹭"的，他们彼此鼓励，遇到不懂的问题就集体思考，互相传授经验，眼见着每一个人都像小树苗一样茁壮起来。我稍微有所懈怠，自己就担心将来会被经理超过，所以逼得我只能再去努力进步，这个过程真是既艰辛又快乐。但总的来说，被一群上进小青年包围着的感觉还是很幸福的。

从大约两年前，我开始健身了。

人生除了上就是下，根本没有平路可言呀！

这对我而言是个里程碑式的事件，因为我以前特别不爱运动。记忆中只跑过八百米，平时完全想不起来跑步。大学体育课最后一次跑八百米，我就是靠着"这会是我人生最后一次长跑"的念头坚持下来的。但是随着年龄的增长，感觉新陈代谢越来越慢，心肺功能越来越差，爬三层楼都要喘半天，最不能忍受的，是小肚腩渐渐长了出来。于是我下定决心，要健身了。

为此我建了一个健身群，我是群主，责任就是督促大家健身，每周要交作业，作业的要求是单次超过 40 分钟的有氧运动，对跑步的速度也有要求，不能交作业就交 100 块钱。两年过去，收成不错，我已经收了两万多的罚款了……当然，在这个过程中，群友们互相鼓励，也达成了很多健身目标，有位群友减重 40 多斤，成效显著。我的心肺功能从平均每分钟心跳 90 下，降到了平均每分钟 70 下，每周爬一次香山已经不在话下。

说实话，我从没想到自己能有毅力去健身，从旁观者视角发现自己越来越臃肿时，才感觉我已经不那么喜欢现在的自己了，于是改变必须发生。这都是进步啊，让自己感觉牛牛的。

最近我又新建了一个公众号，开始写文章了。博客盛行的年代，我曾经是很红的，后来突然就懒得写了。这是一种惰性。以前写文章时，我会很关注生活中的真善美，很小的闪光点也会被我捕捉到，然后记录下来。我有时候看以前的博客，会觉得"真好玩啊，这件事我怎么就忘记了呢"。没再写文章后，日子过得一天天没有什么记忆了，有时候发生一些有趣的事情，我会有些遗憾，"真可惜，虽然这么有趣，但是估计过几个月就忘记了"。真是很遗憾，生活原本不是这么平淡的啊。

所以日子就是这样，认真过是一种过法，糊弄着过也能活着，全在于自己的选择。

有一次，一个客户问我，你是怎么保持身材和状态的？我刚开始回答她："我确实是吃什么都不胖啊。"结果客户说："绝不可能只有这么一个原因。"然后我自己开始思考，发现原来为了保持一个良好的状态，我确实付出了很多努力！包括每天都要做五分钟提升瘦脸操、每周两次保养头皮、每周做五次以上面膜、每周两次有氧运动等等，其他不定期的保养和运动就更甭提了。身体状态越来越好，心态越来越舒缓，人生的状态就也在慢慢爬升。

当然，也有人会问："你怎么有那么多时间啊？为什么我工作很忙完全没空？"这个问题我已经回答过很多人很多次，最新的答案是："你没有时间是你的事，别人解决不了。"

文章写到这里，我感觉应该结束了，但是熟悉我的人都知道我不太会结尾，一般是戛然而止。

作者简介：

小 V，EY 咨询部合伙人，职场励志书《快乐小 V 的水晶骰子》《职场不逃跑》的作者。个人公众号："vicky_daily"。

Part Two

✕

LET'S MEET
AT THE PEAK

✕

平凡如斯
亦能抵达

大多数的时候焦虑是对结果的执念，

只是浪费时间，

当把专注投入到"做"这件事情上之后，

反而就坦然了。

总会过去，总会到来

> 文 / 面包婶

我所做的一切，

不过是履行了婚礼上曾许下过的誓言，

无论贫穷还是富有，无论疾病还是健康。

我们的故事与我们的女儿同岁。

1

2010 年，女儿面包刚刚出生，我还是一个产后微胖的新手妈妈，每天穿着宽松的针织衫，拎着吸奶器和便当盒挤公交车，两点一线往返于公司和家之间，朝九晚五。那时的我，在这个城市，没有自己的房子，但小家温暖；没有事业，但工作稳定。我生活在自己的小世界里，感觉就这样按部就班结婚生女、知足常乐的平淡真的挺好。

然而，在我驾轻就熟的晨昏忧乐之外，我的先生却在每天的早晚愈发明显地感到规律性的头晕，一天比一天难以入睡，易激惹。那年夏天，我们跑遍了上海所有的三甲医院，四处求医。在华山医院拿到的核磁共振报告显示——他的颅内有一个乒乓球大小的囊肿。我们俩看着报告，谁都没有先开口。在走进门诊复诊之前，他突然回头对我说："以后就麻烦你照顾我爸妈。"我在诊室门口泪如雨下。

然而那个囊肿并不是我们以为的真正病因。直到那一年中秋前夕，我先生的重度抑郁爆发。一天晚上，他失控打碎了餐厅木门上的玻璃，满手是血地跑了出去。我抱着女儿，在我们蜗居的那间一室一厅的小房子里，跪在满地的碎玻璃上，直到无法流下再多一滴眼泪。我终于明白，我们应当求助的并不是神经内科……我先生最终被确诊为患有双相情感障碍——比抑郁症更难以治疗的一种心境障碍疾病，那一年他只有二十六岁。

那时，面包刚满六个月，这孩子很乖，晚上从不哭闹。但她的爸爸妈妈却整夜整夜地睡不着。

我们租住在浦东一个老旧小区，每到夏季墙皮因为阴暗潮湿开始脱落，在安静的夜里能听得见簌簌落地的声音。附近有一个花园，夜太长，快要熬不下去的时候，我会拉起他去花园里走走。一走就是几个小时，一圈又一圈。每转一圈，他总是周而复始地问同一个问题，"为什么是我？"我不知道该怎么回答，我找不出一个答案可以安慰他。

在那之前，我也不知道竟有这样一种病痛会通过啮噬人心来灼蚀生命。我曾以为，抑郁只是伤春悲秋不够坚强，直到当我亲眼看着身边这个我决心把一生托付给他的七尺男儿，已经无法从花园走回自己的家。在一条距离不足两百米的路上，他几次停下瘫坐在地上，无视所有路人的异样目光，放声痛哭却仍然无法排解心中难以承受的痛苦，最后只能将整个身体匍匐在地面上。我知道他在用全身上下最后一丝意志力抵抗崩溃。

我们用尽了所有能想到的办法，甚至占卜算卦。每一次医生调整用药，都可能导致新一轮的情绪波动或出现未知的副作用。每一天症状晨重晚轻，希望以日为单位燃起又破灭。没有人知道这一切将会持续多久，我和所有知情的家人约定好，要准备好漫长而坚定的陪伴。

哪怕是要这样度过一生呢？那时甚至没有时间去细细思量，我常常在回家的公车上靠着扶手睡过站。终于，在换了三位医师调整治疗方案后，我先生的情绪开始逐渐好转。我送了他一本笔记本，请他在每天感觉好些的时候，记录下自己的心境变化。每个周一下午，是我们去医院复诊的日子。医生告诉我，我先生是他见过的最"专业"的病人，他每天坚持对自己的情绪波动评分记录，还为自己绘制了情绪波动量表。

但其实，他做的远不止这些。病情稳定后，他把市面上所有能买到的关于双相情感障碍的书都买回家，把能搜索到的国内外相关论文和资料都整理打印出来，重点部分用彩色记号笔一一标注并做了笔记。每一次复诊，医生都惊讶于他对这种甚至许多临床医师都尚未足够重视的疾病又有了新的了解。

就这样，复诊时间，从每周一次，逐渐延长到两周一次，一个月一次，两个月一次。两年前，医生已经建议可以逐渐尝试减量停药，可直到今天，我先生仍然在坚持每天服药。

六年来，从未间断一天。我明白，他的坚持不是为了他自己，是为了我们共同的一切。

2

在搬离那间五十平方米的出租屋那天，我们两个相视而坐，在心中与这徒然四壁默默告别。因为除了这四面斑驳的白墙，再没有旁人能亲眼目睹，那些身后的日和夜，两个年轻人如何用血肉之躯一夜夜穿过去再一日日熬过来；一起浸透过多么漫长的黑夜，才又一起等到再次升起的晨霭。

这些经历，我只在三年前第一次趁早大会上作为读者代表对外界亲述过。出发前，我曾问他，要不要看看我的发言稿。他摆摆手对我说："你说什么，我都知道。"这几年，也曾有过纪录片拍摄、出书和采访的邀约，但我都一一婉拒了。我曾有顾虑，随着这个故事的传播，可能会让我先生被解读为柔弱不堪的一方。如果我们所经历的所有煎熬，最终淬炼出了一个强者，那个人是他，而不是我。我所做的一切，不过是履行了婚礼上曾许下过的誓言，无论贫穷还是富有，无论疾病还是健康。

我先生后来告诉我，在最煎熬的时候，感到每迈出一步都像是陷入泥沼里一样寸步难行。我虽然不曾身受却能真切平凡如斯，亦能抵达。

感受。如果没有相遇潇洒姐，我也不知何年何月从何处才能获得揪着自己的头发把自己从泥沼地里拔起来的勇气和力量。

曾有一个黄昏，下班后我经过每天路过的天桥，站在那个走过无数遍的十字路口，一瞬间竟不知道究竟应该走向哪个方向。我怔怔地站在天桥中间，看着这个城市里路人行色匆匆，万家灯火初上，车水马龙一刻不停留，而我不知道生活的出口到底在何方。我回到家，推开门，看到我的公公婆婆——两个年过半百的老人抱着他们唯一的儿子一起失声痛哭。我咬着嘴唇对自己说，我要做那个不在他们面前流泪的人，我不能够感到心碎。

从 2010 年第一次读到潇洒姐的书，到几年后在上海的一场读者见面会上相认，这些年来，那是我心中光照进来的地方。是"趁早"让我第一次知道，一生可以被计划，时间可以做管理，意志可以取得胜利，人可以选择成为她自己想要成为的模样。是那些文字和人，让我开始思考，这一生我究竟要过一种什么样的生活。

我决心要像潇洒姐书中描写的那样去过一种"点对面"的生活，而我的先生在他人生中最困难的时刻仍然理解和支持着我。我们在人生的最低谷里，开了一家淘宝小店——面包家。那是当时的我唯一能企及的创业尝试，因为我们没有任何资本也没有什么资源，但我需要一份工资以外的收入和更多可以照顾家人的时间，为漫长又未知的将来做好最糟糕的打算——如果我的先生再也不能正常工作，如果我也不能再继续工作下去。我们把这家店叫作面包家，因为我们的女儿叫面包；还因为那时的我们，在这个城市除了一张婚床之外一无所有，却从来没有放弃相信"面包会有的，一切都会有的"。

我把面包家珍视为第二个孩子，以一个母亲为孩子甄选自用为原则严选分享每一件产品。我为每一件产品拍照、上架、写商品介绍。每天早上 7 点赶到公司，预先完成一部分工作，为的是在下午腾出一部分时间回复客户的咨询。我们租的房子太小，没有足够的空间放货，于是把床板拆下一块放在板凳上搭成简易的货架。我会在每天下班回家的公共汽车上核对订单，因为那时每一张快递单和发货单都是手写的，生怕把手机号码和门牌号写错。

在开店伊始的三年中，我没有吃过一顿安静的晚饭，只要听到旺旺的叮咚声就会立即坐回电脑桌前，只为了第一时间答复客户的问题。我没有度过一次完整的周末，在面包三岁前我只带她去过一次公园。就在那天早晨，我收到了开店以来的第一次中评，客户在评价中说我发出的七样产品包装都是坏的。我站在公园门口心急如焚地用手机发短信试着沟通，可是最终没有任何回应，店里还是留下了七个中评。我也没有开过一次电视机，每当同事或朋友聊起时下流行的娱乐节目或电视剧，我不知道应该说什么，就像一个疏离绝缘的外星人。我把所有可以用来娱乐和休闲的时间都用在了面包家。

在我先生抑郁最严重的时候，只要还能站得起来，他还在帮我打包。曾经有一个很小的包裹，可是那天他却花了将近半个小时才把胶带完全打好。我看到他每拉出一段胶带，就要停一会儿。他俯下整个上半身趴在桌子上，小声说着："心里那个魔鬼，它又来了。"我就站在他的身旁，我真的很想很想从他手里拿过那一卷胶带，可我没有那么做。我看着他一次次地停下，一次次地再开始，直到把那个包裹最终完整地包装好。我们什么都没有说，但彼此明了。

3

我从不敢说我是一个称职的妈妈，如果在我的心里曾经有架天平，面包家一度比面包还重。我还记得，面包第一次学会走路的那天，我回到家里看到她的第一眼，是她抱着一个小小的快递箱子从卧室里蹒跚地走出来。那时她才刚刚一岁，已经知道把所有包装好的快递包裹往门口搬。

面包两岁时，我们的工作室从卧室搬到了家附近的一间公寓里，那栋楼的楼下是一个风道，经过时，大风吹在她的小脸上，她吓得嗷嗷大哭。后来每次经过那里，我都把她抱起来，面包会使劲儿把脸紧紧靠在我肩上。冬天房间里很冷，冻手冻脚，我买了一个"小太阳"放在那儿聊胜于无。那时我刚刚买了一台二手的针式打印机，面包最喜欢做的事，就是背对着小太阳取取暖，站在打印机旁每等哒哒哒的声音响过一轮，就踮起脚尖帮我拿出打好的快递单，然后再扯一联新的塞进去。在她的帮忙下，快递单常常被打印得歪七扭八。

面包家，是面包的家，是我们一家人一砖一瓦共同建筑的事业。就这样，我们一个指节一个指节地把曾经扼住我们喉咙的大手渐渐掰开，一步一步从命运的最低谷走了出来。至今，面包家已经服务超过 60 万位客户，收获 362 万次好评，信誉达到三金冠，成为淘宝网母婴行业金牌店铺。感恩每一位关照我们的客人，感恩命运高抬贵手，也感恩我们终究没有放弃没有失散，直到扭转乾坤峰回路转。

2015 年，在我先生和趁早精神的鼓励下，我再次创业真趣生活。如果说面包家是我们送给女儿的礼物，那么真趣是生活给予我的馈赠。因为一路走来脱胎换骨，经历了平静下的暗流、黎明前的夜路和繁华外的寂寞。我想以真趣见证自己，也有幸见证更多曾经和我一样的姑娘。也许有一天，有一个女生像几年前的我一样，弱不禁风，噤若寒蝉，看到这里说不定能在心里给自己打气说，平凡如斯，亦能抵达。

4

今天，我们还像多年前一样，常常感觉自己还是赤手空拳去披荆斩棘的年轻人，心里还有沸腾的热血和期待的远方，还在持续地被趁早精神点燃、照耀和鼓舞。我们用两千个日夜验证了潇洒姐说过的那句话："没有人知道夜路什么时候会结束，但一定会结束。"

今天，我们要站出来活给所有患有抑郁症及双相情感障碍的病友们看。请相信你自己，请相信你身边的人，请相信你所生活的这个时代。不要害怕，请及时就医，积极治疗。不要退缩，请坦然接受，勇敢面对。不要放弃，不要放弃，不要放弃。

今天，我们想以无比真诚的心意诚恳呼吁：如果你的身边也有这样患有双相情感障碍或抑郁症的同事或朋友，请给他多一些关怀和宽容，再微弱的善意都有抵达人心的力量。请试着待他如同待一位情绪上患了感冒的朋友。如果你也有这样的亲人，请相信他、陪伴他、帮助他，一如从前，甚至更多。

今天，我们想向每一位帮助过和正在帮助我们的人——

致谢。感谢父亲母亲爱我们，并爱我们所爱。感谢朋友雪中送炭。感谢同事照顾包涵。感谢医生妙手仁心。感谢我的榜样潇洒姐以她的文字和趁早精神给我信念和力量。感谢面包家和真趣所有客户的支持和关爱。感谢团队伙伴肝胆相照。

我们共同纪念那永不磨灭的六年。再回首那些曾经的悲伤、痛苦、脆弱、迷茫、卑微、无奈、克制与忍耐，落在纸上只有这样短短一篇。但如果言辞也有重量，今日一文等于我流过的所有泪水之和。日后无论遇到怎样的困难，请在艰难之中保持尊严，自强自赎。

"为得到的被珍惜，为失去的被纪念，为梦想、勇气和担当，为从无到有的一切。"

谨以此文，致以我最勇敢的先生。

作者简介：

面包婶，趁早亲人粉，自 2010 年起在榜样潇洒姐鼓励下践行趁早精神。现经营喜爱的小事业：淘宝网三金冠店铺，面包家全球母婴精品店。虽非高龄，以婶自居，提醒自己时不我待精进不休。深信"一个人的幸运是他自己的选择"。

我愿用 200% 的努力去换我成为 20% 的人的资格

▶ 文 / 李思雨

对你想要的，

你总应该有疯狂的坚持。

1

糟糕的处境也许就是转机。

方案改了二十几遍终于通过了，凌晨四点拖着疲惫的身体回到家。打算睡觉，还有两个小时就要准备出差做活动，索性刷刷微博消磨时间。

"体脂百分比降至 17.6%，付出不一定有回报，努力不一定有收获，学习知识和锻炼身体除外。"说这段话的是王潇，是啊，有一种人的活法总是能燃起你心里的斗志，让你羡慕不已。

毕业一年，我从事着一份看似光鲜亮丽的工作，却在背后尝尽了心酸。身边的同事都是智慧与美貌并存的人精，我承认在这样的情况下我自卑了，强烈的反差触及了我的自尊心，又或者说，我终于意识到自己的平庸，这样的打击让一个曾经在校园里各方面成绩都非常优秀的人感到害怕，虽然，仅仅是在非常残酷的现实里，看清楚了自己。

我打开电脑决定写下辞职信，决心过自己想要的生活，重新尝试一种活法。

自己想要的生活

因个人学业原因，于 9 月 30 日选择离职，我会交接好手头工作，给项目一组带来的不便深感抱歉，感谢 XX 时尚集团这个大家庭带给我的温暖，也感谢您的指导，我会一直铭记于心。

满眼血丝的我打下短短两行字发过去，之后总经理找我谈话，我态度坚决，她便不再强留。

"嗯，我要升级，既然知道问题所在，改变就是首要问题。"

总结过去一年我经常听到的批评：英文不好及肥胖使我的形象不好。

公关工作要接触各种各样的人，每天在秀场穿梭的都是时尚达人、杂志社主编、社会名流、模特，她们身材好，谈吐气质佳，而我就是一个丑小鸭。我经常受到别人从上到下的打量，那样的眼神像刀子一样深深地插进我的心，慢慢地我越来越没自信。工作完成后，我就自己躲在角落里默默发呆，我讨厌极了这样的自己。

我带着一点点的离职工资，报了雅思班、舞蹈班，办了健身卡，还买了潇洒姐设计的效率手册 2016 年版。

付出不一定有回报，努力不一定有收获，
学习知识和锻炼身体除外。

"2016 就在眼前了，我有点儿害怕，有点儿激动，怕不能实现，怕超乎想象地实现。"它的首页这样写道。

我激动不已，我很期待看到自己可能会变成的样子，但我必须克服懒惰和完全没有自律性的状态，从此我成了趁早效率手册坚定的执行者。对你想要的，你总应该有疯狂的坚持。

2

我开始背单词，上口语课，在图书馆一坐就是十个小时，我请朋友帮我订阅国外的杂志，每天五点我就会起来练习听力和口语，累了我就看看效率手册"一生的计划"，我严格地去执行每天的计划，也许是刚开始改变的原因，我带着对自己无限的期许，竟然坚持了下来。

"还不走呀，图书馆都要下班啦。"一个亲切的图书馆管理员对我说道，我叫他梁叔。

"已经两个月了，看你天天坐在这里，从早到晚，是要考研吗？你这么努力，一定没问题的。"

我笑笑，揉揉眼睛，梁叔也许不知道，学习的日子，我的世界很光亮，几个月来，我当梁叔的话是对我最大的褒奖。

英语学习步上正轨，我决定抽减一半的时间用来锻炼健身，这时的我已然准备好和过去的自己说再见。

被深深地刺激，你才能做出最好的应激反应。我记得我第一次走进健身房私教室，我的教练先帮我做了五大体适能测试，包括心肺、平衡、力量、耐力、柔韧性。测试结果是没有一项合格。

好歹我也是个"习舞之人"，看到这样的数据，深深的挫败感也更坚定了我一定要改变的决心。我在朋友圈晒出自己的健身卡，底下的评论基本都是"思雨，你这是第几次减肥啦，小心越减越肥哦"。

说真的，我很在意这样的评论，所以我决定关闭朋友圈，闭关修炼，我告诉自己，这一次没成功，就不要再发任何状态现眼，这将是我最后一次减肥。

太多时候，你对自己狠一点，人生就真的变得不一样了。

记得第一周我就已经开始做力量训练了，软弱无力的我，每一次举铁都是折磨，5千克的重量就能把我压垮。我总是一边求饶一边对教练说别放低对我的要求，所幸的是，我遇到了一个非常负责、专业的教练，他是体操运动员出身，他的训练里会加入很多体操训练的理念，运动员的训练残酷严格，这些都用在了我身上。我从决心减肥的那天起，为了能更好地控制饮食，杜绝外食，不去超市，开始吃各种各样的蔬菜沙拉、水煮菜，主食只吃玉米、地瓜。吃完就去健身房上课举铁跑步到健身房下班，看门的大爷总是对我充满敌意，因为我的原因总是让他晚下班。

第三个月我开始尝试大重量，将每个大肌肉群和小肌肉群都列入我的训练范围内，健身房多了一位最努力举铁的女生。我开始开合跳，折返跑，跑圈，倒立，俯卧撑。每一次肌肉的撕裂，每一次手腕的酸痛，都让我瞬时觉得人生得以圆满。

我记得有一次训练，在连续做了 40 个俯卧撑之后手臂的无力和酸痛感让我瞬间感受到突如其来的崩溃，眼睛里含着眼泪，咬紧嘴唇，意识恍惚，身体却始终未停。从健身开始，我对自己只有一个要求，就是绝不放低教练的训练标准，这让我经历过魔鬼式训练后迅速成长。从第一次可以做腹轮，第一次倒立，第一次引体向上，到现在我可以倒立行走，天知道我经历了什么。我是怎样一点点看着自己成长，一次次怀疑纠结，到再坚信再努力。蜕变是什么，就是和着血和肉拔掉自己的羽毛，为了可以长出更丰满的羽翼，能飞得更高更远。

巨大的训练量和高蛋白低脂低碳水的饮食，让我不堪重负；加上看不到效果，我曾出现极度厌烦的情绪。我开始质疑训练，甚至和身边的人一言不合，就会躲到角落里默默哭泣。也许今天看我会觉得那是必须经历的，可是那个当下，那份失落和不甘，真的很难跨越。这样的平台期我就经历了三个。第四个平台期来临的时候，我没有再哭过，因为我知道有场硬仗要打，我必须更强。

累吗？真累啊，累的时候我就看看自己在本子上对自己写下的期许，我就又满血复活了。我真怕让自己失望啊。

很多人都问我你至于这样训练吗，女孩子不需要这样训练的。那时的我从来没有过任何解释，我没把自己看成女生，只把自己看成战士。既然我找到了方法，我就要付出比别人5-6倍的努力，因为我要收获别人5-6倍的成果。

3

时间过得很快，五个月后的一天，起床后惊喜地在镜子前发现，我有了传说中的马甲线。对于曾经135斤的胖子来说，马甲线简直就是神一般的存在，我觉得自己用200%的努力终于换来了成为那20%的人的资格。

喜悦满足一下子包围了我。很久之后我第一次打开朋友圈，上传了一张马甲线的照片，评论超过了100条，基本上都是觉得难以置信，觉得我判若两人。好朋友会说上一句你做到了好样的，部分人会来向我请教方法，以前嘲笑过我胖的人也纷纷发来惊喜的表情。是啊，我做到了，我终于不再是那个天天嚷嚷着减肥，却越减越肥的人了。看着镜子前的自己，我觉得自己真的很美。

自从健身以来，我从没有抱怨过，也没有很多这样那样的问题，就凭借着一股傻劲，每天都坚持报到，戴上耳机听着自己喜欢的音乐，选一个自己的位置开始安静训练。我享受那种精力的高度集中，很少去和别人聊天或者关注别人，我总是超额完成教练的计划。当你专注做一件事的时候，时间是过得非常快的；越专注，时间过得越快，越会找到其中的乐趣。时间看得见，时间也是最好的答案。

"CC，你每天这样训练不痛苦吗？我做几组卷腹都要死了。"一个和我一起训练的女孩子问我。

我笑了笑，用潇洒姐的一句话回答她："你问我训练痛苦吗，当然。可是和身材走样比，算得了什么呢？"那个时候的我觉得自己帅爆了。

也许你这样努力，就是在等一个机会，照亮自己的机会。

4

欢迎来到美好的肉体时代，3 月 3 日 # Shape Girl 马甲线大赛 # 将正式启动。寻找同类的路上期待新惊喜，一起练下去。

潇洒姐举办第一届马甲线大赛，我决心参加这个比赛。我想当面谢谢她，是她让我知道原来一个人真的可以按照自己的意愿去活。

我用了三天的时间拍摄参赛视频：俯卧撑，深蹲，引体向上。这还是以前那个软弱无力的李思雨吗？我真的有种恍如隔世的感觉，感慨努力原来真的可以被看见，原来努力之后老天真的会给我应有的幸运。

当我第一次穿上SHAPE YOUR LIFE的运动衣，我眼含热泪。别笑我太矫情，这对我意义非凡，也是对我最大的褒奖。它对我来说是战衣，就好像在我努力了这么久以后，终于有资格穿上它。

舞台上是另一个世界，汗水曾在我的身体上雕刻出一条条曲线；当聚光灯打在我的脸上，我想那一刻我也是发光的吧。从没想过有一天，我也会影响一些人。

5

我想承认我一直是个自卑的人，但我偏偏爱幻想一切。

看似做不到的事，我总是相信自己能做到，所以我拼命跑，我用尽全力。我从不是个拥有天赋的人，我拥有的就是别人难以想象的努力。就当我是只笨鸟吧，我用力扑闪自己的翅膀，只为了飞快一点，飞得高一点，能离自己的目标理想更近一点点。

现在我又回到广告公关行业，又回到这个战场。在经历了涅槃重生后，我无所畏惧，我找回了原本的梦想，突然发现还有好多事等着我去做，想去到很多地方，想认识很多有趣的人。就这样逆风而上吧，现在，我很期待未来。

看吧！整个过程就是我与自己的战争，幸好，现在的这个我赢了。时光飞逝，也只有我自己知道这时光的厚度。总有一天，你会强大到冲破一切障碍，而你要做的就是不放弃，用尽你的全力，其他的都交给时间吧。

你有想象过自己最美好的样子吗？请在这一刻开始努力。

作者简介：

李思雨，90后健身励志达人CC，趁早星人，时尚公关，工作中拼命三郎，生活里热爱运动，爱旅游，爱猫，爱一切新奇事物，在有限的时间努力做到体验最大化，人生目标：去见未见过的人，到未到达的地方，努力做自己的发光体，shape girl。

跑了，你便懂了

▶ 文 / 郑怡

我们是需要给自己设定目标的，
为了让生活有所期盼，
为了遇见你也无法想象的自己。

　　真正意义上开始跑步是 2013 年，说那时是人生低谷也许有些矫情，因为有着体面的工作，读着别人眼中高大上的工商管理硕士，没有不幸福的理由，或许所谓的不快乐是源自内心的那份躁动和不安吧。2013 年，我 32 岁，依然单身，依然在为职业发展犯愁，渴望的东西太多却又有着不知从何下手的茫然。常常感觉被困在透明罩子里，使劲折腾，似乎总在原地打转。话虽如此，但不断地尝试不同的折腾方式依然是我乐此不疲证明自己还热血沸腾的重要途径。跑步算是当时折腾出来的一种新玩法。

1

　　最初坚持跑步，只是因为和朋友打赌，证明自己坚持运动的决心。后来才知道，那是他的激将法——他对于我当时的生活状态有点担心，所以变着法地说服我去运动，现在想来依然感激，就这样，我开始跑步了。最初每周会固定时间在跑步机上蹦跶，目标很简单，坚持跑完 1 小时，那已经是我耐心的极限，看到时间表跳成了整数，急不可耐地就要按下停止键，那时候跑步对我来说只是一种运动方式，没有上升到仪式。什么半程马拉松、全程马拉松，从来没有想过会和它们扯上任何关系。

跑得多了，你总是会不满足在健身房看固定的风景，想跑到外面去透透气，于是有了我的第一次户外跑。第一次落地跑是参加社区的 8 公里跑，从来没有户外跑步经验的我有点紧张，毕竟在跑步机上跑步和落地跑有很多不同，跑步机配速可以调整，跑不动可以随时按下停止键。但落地跑就不同了，速度全凭自己调节，设定好的路线，一旦中途放弃，就感觉失去了跑步的意义，所以跑不动也要坚持完成，这是对户外跑的一个承诺。跑步机上面的 8 公里可以很轻松地完成，但户外的 8 公里却让人觉得特别漫长，在跑步机上累积的距离和耐力在落地那一刻化为乌有，仅仅 3 公里便已经呼吸急促步伐沉重。配速没有概念，跑步知识缺乏，第一次落地跑后给我带来的是长达一周的肌肉酸痛。但正是这样的一次体验，为我打开了跑步世界的奇幻大门。

2

从第一次落地跑到人生第一个马拉松，中间间隔了半年，但决定去跑半马也是一个小意外。

人生中的太多事情看似偶然，但当有一天回过头来看，似乎每件事又都可以串联起来，似是冥冥中的注定，只要坚持，就不会偏离方向。那时候我正在办理去美国留学的手续，闲来无事间偶然看到了一个张钧甯代言的NIKE RUNNING广告，广告以纪录片形式叙述了她备赛旧金山半马的全过程（现在你依然可以在网上找到），虽然只是一则广告，但却给我带来前所未有的触动，让我泪流满面。看到她那种跑到浑然忘我的投入的样子，正是我最渴望的状态。于是我立刻搜索旧金山马拉松报名页面，从网上报名到付款整个过程仅用10分钟，那时候我连10公里都没有跑过。现在想来，我们是需要给自己设定目标的，为了让生活有所期盼，为了遇见你也无法想象的自己。

确定了半马的日期，就出发到华盛顿交换学习，闲来无事时喜欢在公寓周围慢跑，一方面是为了健康考虑，另外一方面每次跑步变换路线可以拓展自己的新版图。体力好的时候，就会跑远一些，跑到华盛顿纪念碑，跑到林肯纪念堂，跑累了就坐在高高的阶梯上面休息一下，从上往下俯瞰整个区域，看看往来的游客，虽然我也只是一个过客。因为华盛顿是政治中心，跑步的时候我也常常想象自己某一天会和某国会议员或者政府政要擦肩而过。在美国跑步是极度愉悦的，因为跑步文化已经深入骨髓，所以跑步的时候不会接收到异样的眼神，大家似乎已经将跑步视作生活的一部分。看着在烈日炙烤下身体精壮、不同肤色、不同年龄的跑者，给我传达的信息是生活纯真的美好，似乎跑起来就会有好事发我们是需要给自己设定目标的，为了让生活有所期盼，为了遇见你也无法想象的自己。

生一般。虽然跑步是一个人的事情，但每每我总能从这些擦肩而过的同伴身上获得勇气，自带隐性啦啦队一般地奋力摆臂奔跑。

日子过得飞快，第一个半程马拉松转眼就到了，它是我美西旅行的最后一个安排。旧金山半马路线是折返金门大桥，可能因为兴奋足以抵消任何身体的不适，也可能是风景之美令我无暇顾及其他，总之整个过程中没有任何跑不动的感觉。曾经几百次想象自己跑过金门大桥时的样子，而真实体验超越所有的想象，目不暇接的风景和周围簇拥的跑者，让每一步都变得真实和感动，一切都是全新的和将要去体验的。我全程保持着迷之微笑甚至是一路傻乐，因为我正在实现我几个月前的心愿哪，广告片中的路线在真实世界里被我完成了。唯一的小遗憾是没有人在终点线等待和祝福，挂着闪闪发光的奖牌，当时只想抓住每个路人说，祝贺我吧，我今天完成了我人生第一个半马！

2016 年我遇到了张钧甯本人，一个最初激发我跑步的人，竟然出现在真实的生活里，好奇妙的缘分。

3

真正开始认真对待跑步这件事是 2014 年回国后，当时从美国回来胖得很任性，所以以跑步这个方式减肥加调整状态。2014 年陆陆续续地参加了好几个跑步活动，除了苏州半马，其他都是有娱乐性质的跑步活动，比如 Color Run, Dazzle Run 等等。2015 年开始决定不再参加任何少于 10 公里的跑步活动，因此打算更认真地对待跑步，2015 年参加了苏州半马、上海半马、浦东女子半马等等；定期训练让自己在跑步中更加自信，也逐渐了解如何备赛、如何热身拉伸、如何调整跑姿、如何呼吸等等，对于跑步这件事也越来越专业。

　　2015 年年底，我决定参加人生第一个全程马拉松——香港渣打全程马拉松。这个赛事在亚洲地区以虐出名，首先是路线，全程要经过三桥三隧道，上上下下，非常考验体力和耐力，另外一个挑战是天气，比赛前几天都是预告暴雨，一度以为比赛会取消，另外的挑战就是我还没有跑过 30 公里以上，是否能完赛是一个问号。

　　相信每个跑过半程马拉松的人，过线的一刻都会闪过一个念头，天哪，跑完半马我已经累得半死，全马，你在开玩笑吗？所以渣马全程马拉松我也是抱着体验的心情去的。一路雨战，衣服湿了又干，干了又湿，从半程开始手机进水没电，后半程无伴奏跑完，遇上坡便走路保持体力，走走停停。因为没有手表，一路担心着被收容，所以不敢怠慢一路提着心跑到了终点。香港渣马全程马拉松是个寂寞的比赛，大部分的跑步路线在高架上，没有欢呼的人群，全程安静到只有脚步声和喘息声，起点在尖沙咀九龙公园，终点在铜锣湾，离终点很近的地方终于看到了人群，也给所有的跑者打了兴奋剂，再累再跑不动，也要迈开腿跑最后几百米，享受路人投来的惊讶和膜拜的眼神。（虽然他们可能在想，看，那群疯子！）这个全马的顺利完成又给了我勇气，似乎所有的不敢想都变成了现实，也由跑步想到，生活也是如此，dream high, take action, then dream higher, and repeat!

4

曾经的我总是在等待，认为每一件事情都需要准备完善才会成功，但跑步这件事让我了解到，每一次的突破其实都是自己向前推自己一下。这种态度慢慢影响了我的生活和工作，我不再害怕未知的领域和全新的挑战，只要有一颗随时准备好的心，困境和挑战都会迎刃而解，因为大多数的时候焦虑是对结果的执念，只是浪费时间，当把专注投入到"做"这件事情上之后，反而就坦然了。

我不是教条主义地说大家都去跑马拉松吧，然后你的生活一定会焕然一新，这都是忽悠人的。跑步这件事，除了对于身体的改变，最大的收获还是对于内心的暗示，当你停滞在某处，压抑在某处，跑步给你的感觉是你在前进，你可以突破，你可以坚持跑到终点。事实证明这样的心理暗示是有极大效果的，当你一次两次三次达到了你的跑步目标，这样的惯性会真正地延伸到你的生活和工作中。去跑吧，5 公里，10 公里，21 公里，42 公里，无所畏惧一般，抛开一切，相信到达终点后你一定会豁然开朗。记住跨越终点线时的那种感受吧，把那种满足感，那种世界在我脚下的感受，带到你的生活里。

我依然相信，跑步，是我遇见最好的事情！让我不再患得患失，坚定地相信自己有多好，不是虚张，不是浮夸，不是众人捧，是内心明澈，是的，我就是那么好！去跑吧，跑了你便真的懂了！

作者简介：

郑怡，上海姑娘，转眼奔四，爱跑步，爱一边跑步一边旅游，国内国外跑过几十个大小赛事，跑过的地方都化为美好的回忆，艳阳中的旧金山金门大桥，初冬黄金海岸的海岸线，大雨中的香港青马大桥，新加坡凌晨两三点的样子。跑起来也是我的处世之道，只要还能跑起来，日子就不会太差！愿与这个世界一直温柔地跑下去！微博 @ 不息的逆旅

在路上，这次爬北坡

> 文 / 祖腾

没有一劳永逸，永远要重新开始，
重新进入动荡，重新寻找，重新赢得欢喜！

　　如果说每个人的人生中都有关键的一年，对于我这样一个创业者，2016 年在我生命中举足轻重，尤其是年底发生的两件事，既意味着一个阶段的谢幕，也意味着另一段征途的开始。

　　12 月，我创办两年多的在线教育项目被并购。虽然很多创业者认为公司被收购也是一种成功。但于我而言，更多的是不甘和不舍。转念，如果项目能与收购方的资源互补，获得更好的发展，也不枉这 700 多个日夜的耕耘。

　　也是在 12 月，我成为趁早的联合创始人。

　　按照趁早的说法，这样的选择一定有它的决定性瞬间。一个创业者与另一个创业者相遇，一个项目结束到另一个项目的开始，各自孤独的旅程会合为一条道路，的确是一件充满机缘的事情。有些人天生就爱折腾，有些人骨子里就不甘平淡，这样的人在路上一旦遇见，几句交谈后就能彼此指认。

　　这个决定性瞬间的到来要追溯到 2016 年 6 月的一个下午，我与我的投资人 Frank 约在公司楼下的咖啡厅沟通业务和融资规划。当时的北京已经是 30 几度的高温，我却感觉不到冷暖变化，满心忧虑项目的发展，甚至不时感觉脊背发凉。Frank 是斯坦福商学院出身，清华理工男一枚，做过工程师，是投资人群体中对产品理解少有深刻的人。但当时我还不知道，他也是王潇的趁早项目的投资人。

我跟 Frank 讲到，要利用互联网来开发"反人性"的学习类产品，应该帮助用户从起点走到终点。从为用户规划出清晰的学习路径开始，到在整个学习成长过程中进行人性化的服务和引导，使用户能够在学习过程中避免孤独和抵触的情绪，逐步建立意志成就感并坚持完成学习目标。

我俩越聊越兴奋，但我想到项目中最核心的问题不仅感叹："哎！现在资本不给踏实的产品型创业公司这么长的时间去进化啊！"Frank 听到，突然提高嗓门："我投的另一个项目也是成长类的，女性励志社群，用户具备强烈的动机和意愿，基础很好，我赶紧安排你们见一面，也许你能帮到他们。"但我当时心想，谁能帮帮我啊？

第一次和趁早的创始人王潇见面，她正好带队 Shape Girl 马甲线大赛前三名从澳洲回京，于是约在了首都机场 T3 航站楼。Frank 正在给我介绍趁早正在做的事情，就看到王潇从远处拉着行李箱向我们走来，脚步轻快，神采奕奕，脸上完全没有长途飞行的困倦。第一次交流非常愉快，各自介绍了一下自己和公司的经营模式，我就已知的趁早模式提出了建议和可能提供到的帮助，期间王潇一直在仔细倾听，偶尔提问，并在她的效率手册上飞快地记笔记。第一印象不错：有英气、职业、不装。

一个真正的创业者一定是具备创业者气质的，这种气质是经历过挫败和煎熬之后，还能充满斗志，要想做大一点更大一点的事，却又要从微小的一件件事开始。

很快就有了第二次见面，是在我公司楼下的咖啡厅，逐渐开始深入沟通趁早现有的业务模式和产品形态。我了解后第一反应是："趁早正在做的事情是引导人们独立思考，克服惰性，找到方向！每个人的成长愿景都是好的，都想活得精彩，都想去预设人生高度，但过程总是孤独、迷茫，甚至是痛苦的。由于人性弱点里的恐惧和懒惰，没有几个人可以按照预设的方案坚持下来，这是最需要解决的问题。"

"对，我经历了你说的这些，也想找到最有效的办法，帮助更多的趁早用户来克服这些，实现这些。现在趁早在很多方面已经在做了，但远远不够！"王潇喜悦又坚定，目光炯炯。

的确，趁早和我此前的项目一样，也是典型的反人性模式，这样的互联网产品最难做。好的产品经理都想通过挖掘人性背后的问题，来创造超越用户预期的产品。我看着眼前另外一个也在做着反人性事业的创始人想：这不就是我一直以来的产品理念吗？通过互联网更深层次地参与人们的生活，影响人们的学习和成长。

一个真正的创业者一定是具备创业者气质的，这种气质是经历过挫败和煎熬之后，还能充满斗志，要想做大一点更大一点的事，却又要从微小的一件件事开始。

接下来一下午的时间，我们都在探讨如何通过互联网产品将用户的个性化成长路径理顺，将趁早所透射的价值观以及现有的积累，服务好现有的几十万趁早星人，进而影响到千万人群。我们聊到这样的产品需要提供榜样和同伴，需要提供监督和奖励，需要真正帮用户把目标切割后做完。我们产生了要一起设计一款 APP 的想法。

在 2016 年的最后几个月里，我们开始频繁地见面开会。每次见面，王潇都跨城区从东四环赶到中关村，并且从不迟到，正如她所规划的人生一样准时。经过多次沟通与碰撞，趁早 APP 的雏形产生了。

产品按计划推进，我们一起给测试版起了个名字——趁早星人（趁早对用户的爱称）的"回家计划"。王潇提出要赶在 2017 年 1 月底春节前上测试版，让趁早星人从春节开始就体会到属于自己阵营的生活方式——在线下回到爸妈温馨的家，在线上回到趁早星人的家。按照我们对这款产品的设想和要求，测试版正常需要四五个月的开发周期，而我们的研发时间只有两个月，而且我自己的在线教育项目还在进行中，相当于我是以兼职的形式进行产品的开发。我们充满期待，但也压力巨大。

2016 年 12 月 31 日那天，还是在首都机场 T3 航站楼，王潇与家人从日本度假回京，我们约好见面。

　　我知道，这是 2016 年的最后一天，2016 年对她来说很不一样。在 2016 年趁早效率手册的前言里她半开玩笑地写过，很早以前就有位大师告诉她 2016 年对她很重要，将有大事发生。

　　见面时已经是晚上 10 点了，我们在 T3 航站楼的星巴克聊了很久，确认选择彼此成为合伙人。像相识那天一样，周围来来去去，都是出发与到达的匆匆旅人，一切就像冥冥中注定。眼看要跨年了，把合作事项和细节基本谈定后，她舒了口气道："嗯，2016 年要过完了！"

　　我们都很清楚，对一个创业者来说，这是一个相当重大的决定，简直像抉择结婚对象那么重大。

　　决定与王潇合作有两点：一是她打造了趁早精神，并用实际行动加以诠释；二是做反人性的事情，却要走商业化路线，这原本就是件难事，但她做了，并做得出类拔萃。我们正在做的 APP 也一样，在一大片产品、内容严重同质化的知识社群红海中，做得有深度、有创新显然是很大的挑战。

　　创业从来都意味着高风险，我看到那天的效率手册里面印着："没有一劳永逸，永远要重新开始，重新进入动荡，重新寻找，重新赢得欢喜！"像攀登珠穆朗玛峰，别人爬南坡而我们爬北坡，目标坚定，充满使命感。从现在起，我们是两个人攀登，攀登已是这种生活的常态，两个创业者都以此为生，以此为乐。

趁早 APP 是典型的新物种，你没办法用简单的知识社群、在线教育、垂直社交这些互联网产品定义它。趁早为用户提供一站式解决方案，给你提供专业的内容和成长目标，并且帮用户从听到、学到到做到。能给予用户的是，一个榜样和他所创建的专业内容，一条人性化的过程路径，一组对赌、唤醒、打卡等学习效率工具，还有重要的是一群同类，使你坚持得不孤单。

趁早 APP 产品测试版于 2017 年 1 月 25 日，也就是春节前一天发布。这个版本不完美，有太多已知的功能和体验需要优化，我必须承认自己不太满意。按照互联网公司的通常做法，在重大节日之前不进行任何新产品的发布，因为假期中工程师修复产品的效率会降低。但跟王潇商量后我们还是如约发布了，因为"回家计划"第一批进入公测的趁早星人，提出了非常宝贵的意见。好的产品是迭代出来的，接下来趁早将继续用精益求精、高效迭代的方式不断地优化产品，用心为用户浇筑一个平台。

也许爬北坡就是要冒险。

记得王潇给我看过她 2014 年写的一篇文章《一个人的英雄之旅》，对其中一句话印象深刻，送给 2017 年和未来，也送给趁早团队和所有趁早星人：

　　"我希望你和我一样，合上书以后，会像经典故事中的英雄一样，坦然接受自己的使命和命运，踏上漫漫征程。"

作者简介：

祖腾，"趁早"联合创始人，趁早 APP 担当。前新东方集团互联网业务负责人，被行业称为国内"互联网学习第一产品经理"。

行走的力量

文 / 大程子

我感觉自己试图撬动的是生命中最坚硬的一块大石，
而我的力量太渺小。

1

在写我的故事之前，我一直在想，什么是趁早精神。

拥有完美的身材才能被叫作 Shape Girl 吗？那我是不是没这个资格？

印象中，Shape Girl 永远在汗水中雕刻自己的身体，改写自己的命运。但无论是身体还是命运，我能控制的部分似乎总比别人少一些。

作为一名重症小儿麻痹后遗症患者，我的身体一点儿也不美好。更准确地说，它是病态、畸形的。由于运动神经受侵，我双腿缺少肌力，无法行走。

入学之前的记忆都是父母带着我奔波于各大医院诊所，不断地吃药、检查、打针。5 岁时候的我，已经可以平静地看着中医大夫将银针扎满我的两条腿，皱着眉，摇头，一脸无奈。

后来上学了，老师很照顾我，我也乖巧懂事，生活似乎变得平静，就连父母也渐渐开始接受现实。但没想到，身体在放任下慢慢走向更危险的境地。

原本腰部一侧的肌肉就受到疾病影响，加上长期保持坐着的姿势，背部两侧受力不均，22 岁，我又被诊断出脊柱侧弯。这个病不仅影响我的坐姿仪态，更严重的是，若任其发展，我的心肺功能将会受损，导致呼吸困难，最终威胁生命。

　　这一消息简直是雪上加霜，我此前一直怀着美好的小幻想，还天真地以为有一天能站起来，现在看来全是奢望。先保住命再说吧。可这时问题又来了，脊柱侧弯矫正本身就是一个高难度手术，脊椎周围遍布神经，容不得任何差池，而我从胸椎第二节到尾椎都需要矫正，手术工程非常大。同时考虑到双腿不能行走，术后生活质量、脊椎和骨盆之间的处理等等因素又为手术增添了额外的难度。

　　艰难的寻医路又一次开启。见过提供夸张手术方案以至于特别像骗子的医生，也有冲着我和家人骂一通的医生，更多的是回绝我们。他们中有的直接，有的委婉，他们会把危险、付出、获得都一一加以剖析，但直面现实的冷酷会让人有另一种绝望的恐怖。至今记得在见一位全国权威的时候，他诊断完我的身体情况后，一抬手，说："你就这样活着就不错了，还想怎么样？"随行的朋友后来跟我说，她听完当场眼泪就流下来了。可我并不伤心也不埋怨医生，我不停地告诉自己，这只是通向结局的一段过程，我不会被任何人判死刑。

　　现在回想起来，我很感谢那时候自己莫名的倔强，这种倔强让我不愿服输，并让我心里升起一股强烈的意愿，想要去主宰命运。我不服。好像一直以来，都有一个黑暗而巨大的可怖怪兽在我看不见的地方不断给我施加苦痛，我恨过它，害怕过它，质问过它；但最后，我决定跟它正面对决。

2013年暑假，在多番比较、讨论之后，我和家人选择了北京一家军队医院接受全脊椎矫形手术。手术前一天，医生找我们签知情同意书，两页纸密密麻麻。虽然他一再强调出现极端情况的可能性很小，但从他描述的手术准备情况来看，这并不是一场容易的战斗。医生走了之后，我把同意书收进抽屉，然后脑了里冒出一个很傻的念头——我打开QQ上最好朋友的聊天框，给她留下了我的遗嘱。

很简单的几句话，希望她代我向亲人朋友转达问候，告诉她所有重要账户和银行卡密码，交代了电脑和日记本由她保管。最后一句是：遗照P瘦点。整个过程我心里异常平静。

朋友安慰说不会有事，我也知道，最坏的结果不一定会发生，但我有义务去为此做准备。这是一个仪式，就好像在天际尽头，周围是一片混沌的白色，我的面前是死神；我抬眼直视它，向它交代我的人生。这个仪式走完，我突然有种如释重负的感觉，之前诸多的担忧恐慌顿时放下了。我把自己交给了老天。

7月31日下午，雷雨天。我被推进了手术室。过道很长，我看着一根根灯管从头上掠过，耳边偶尔听见冰冷器械的碰撞声，我感觉到的竟然不是害怕，反而是一种因自知无好像一直以来，都有一个黑暗而巨大的可怖怪兽在我看不见的地方不断给我施加苦痛，我恨过它，害怕过它，质问过它；但最后，我决定跟它正面对决。

能为力而产生的轻松。

手术持续了 7 个小时，据医生说，过程艰辛，但幸好一切顺利。当天晚上迷糊中做了很多梦，梦见了小时候的家、年轻时的父母。睡梦中我不停挣扎着要起身，陪护的妈妈和姑姑一直安抚着。

当术后配置的 48 小时止痛泵停用之后，排山倒海般的剧痛开始不断向我侵袭。胸腔积液导致我每一次呼吸都牵扯着肺痛，整个胸腔内脏的位置变化让我总感觉身体在不断裂开。可我当时又太虚弱了，连喊痛的力气都没有。那个时候，我每天看着窗台上的竹子，心里想，身体虚弱成这样还可以恢复到正常吗？我真的不会痛死吗？

进展出现在我开始进食的一周后，我不得不惊叹于人类身体的神奇，在受到如此巨大的创伤后，只要有新的养料输入，元气就能逐渐恢复。术后第 10 天，我竟然就能坐起来；术后 23 天，我就出院了。

然而，直到我实现正常生活，这中间足足花了两年时间。

沉重而密集的疼痛经历固然可怖，但对我来说，所有的痛都是值得的。脊柱拉伸之后，心肺功能明显提升，最重要的是，我终于能坐得挺直了。

2

当身体一天天复原，另一个念头在心里也越来越清晰：我还要再去做腿部矫形吗？那时候，我正在读研究生二年级，还有一年面临毕业。矫形手术治疗期少则两个月，多则半年。当时身体还未完全恢复，经不起马上第二次手术，所以不能在研二休学，只能顺着读完毕业。但毕业之后再手术，我将耽误一年，错过毕业时的校招，届时是否会给找工作带来阻碍，不得而知。但如果先找工作，入职之后再手术，基本上等于放弃届时手上的工作。

每天思考这样的问题令我不堪重负，我只是一个23岁的女孩，我想要和别人一样思考的是"今天出门穿哪件衣服"、"周末跟男朋友去哪里玩"、"为什么脸上又冒出一颗痘痘"之类的世俗烦恼。为什么困扰我的问题都足以影响我未来的人生走向，但它却不受我控制？我感觉自己试图撬动的是生命中最坚硬的一块大石，而我的力量太渺小。

直到研三的9月份，朋友问我如何打算，我只能自我安慰式地回答：不知道，走一步算一步吧。当时的校招我没抱太大希望地投了几个，而令我喜出望外的是，第一次面试就拿到了心仪公司的offer，并表示可以不去实习，到第二年7月再入职。没过几天，学院答辩时间表出来了，我被安排在第一批，元旦前就可以答辩。这意味着，我将拥有长达 7 个月的空余时间！

我把这个巧合视为老天的回应，于是一边准备毕业论文一边各方联系医生。想起来还挺佩服自己，那段时间还考过了英语二级口译。11 月初，我再次乘北上的列车，去见网络上一位有名的矫形专家。这次见诊的过程也很顺利，医生当场答应我，他会尽自己所能帮我，但具体的手术方案还需要跟其他专家一起会诊讨论，让我先回去等。一周后，我在同学的宿舍里接到医生打给我的电话，他兴奋地向我介绍了手术方案，激动地憧憬起我走路时的情景。

说实话，那一刻极其不真实，电话那头的声音一字一句地敲打我的大脑，但我却很难去体会这些话语的实际意义。挂了电话，跟朋友们宣布这个消息，大家都哭了。

12 月底，毕业答辩顺利通过。一切安排完毕，家人便带着我直接从学校出发，前往北京的医院。

基于之前手术的经历，当时的我天真地认为，经历过那样的疼痛，再也不会害怕任何手术。殊不知，直到亲身经历时，才明白为什么那么多病友对其望而生畏。

矫形手术首先需要把我关节处黏在一起的肌肉切开，然后在关节周边植入克氏钉。这种钉子跟筷子一般粗细，长度在 20-40 厘米之间，从腿部的一端穿至另外一端。再以这些克氏钉为支点，在上面用钢筋搭一个矫形架，通过调节拉伸杆来达到矫正关节的目的。

整个治疗分 6 次手术完成，过程长达四个半月。它的可怕之处不在于钢筋穿入身体的刺痛，而是每天调节拉伸杆后，肌肉和血管被强制牵引的绵延而漫长的撕扯之痛。这样的痛并不猛烈，但它总量很大，平缓地分布到每一秒钟，一直在你耳边叫嚣。

每天早晨，医生会把拉伸杆延长 1~2 毫米，然后一天的煎熬开始了。好不容易等到关节适应了这种程度的拉伸，第二天又来了。这个关节的架子拆了，其他的关节又该矫正了。往复循环，让人看不到尽头。

拉伸髋关节的时候，身上搭建的架子让我无法坐起来，只能一直保持平躺姿势。大腿被拉疼时我的手根本摸不到，一点缓解措施都没有。那段时间，我每天半夜都会因为持续的疼痛而从睡梦中哭醒，醒来时全身都被汗浸湿了。

到了治疗后期，会被痛得整个夜晚都无法入睡。那时候最害怕的事情除了调拉伸杆，就是晚上睡觉，因为根本痛得睡不着，但却必须装睡。很多个夜晚我就只能呆坐着，看昏暗的床头灯，数里面有多少层光圈，多少条纹路。看着窗外的光渐渐亮起来，心里才舒一口气：夜晚终于过去了。

由于频繁服用止痛药，胃受到影响，吃什么吐什么。同时，手上血管较细，几乎每天输液都会走针，手背反复肿胀。再加上多次手术还引发严重贫血，躺在床上转头都会眩晕。三月，我整个人的意志力消耗殆尽，什么形式的开导也起不了作用，我开始变得非常消极。

我突然不能理解自己经历这些痛苦的意义，也无法感受医生为我畅想未来美好生活的喜悦，当下的境地太过悲惨以至于这些遥远的事物完全提不起我的兴趣。在一个个漫长而冷峻的夜里，我好似又看到了那个可怖的怪兽，我大声质问他，为什么是我？

有时候命运的大手压下来，我们无力反抗，唯一能做的就是熬。我的转机悄然出现在一天早上，洗完脸后我忽然闻到一股花香，转头看到朋友送的百合开得正盛。那个当下并没有发生什么特别的事情，可我的感官好像顿时被打开了。我呼吸的空气不一样了，世界被重新打开，我知道，这段黑洞时间结束了。

3

矫形架开始一根根拆除，钢筋也全拔了出来。最折磨的治疗过程结束了。

2015 年 4 月 15 日，在经历了 120 天穿骨拉筋的治疗后，医生给我送来定制的腿部支具，它可以帮助我支撑起膝关节，即使腿部没有肌力也能承重。在费了好大劲把双腿支具穿好后，我在医生的搀扶下开始下地。他们先把两条打直的双腿放在地上，然后架着我的胳膊拉我起身。这是我此生第一次尝试这个简单的姿势——站立。摇晃了几下之后，我找到了支点，两边的医生慢慢松开我的肩膀，到最后只扶着我的手。

不可思议，我真的站了起来！

当我抬头正想从医生那儿寻求赞许时，站在我前面的医生往后退了几步，跟我招手："来，试着走到我这里来。"我本来的期待是只要能站起来就行，完全没有奢望过走路。当医生这样要求时，虽然心里觉得这简直是天方夜谭，但看到他热切的眼神，我不敢放弃。

于是我试着用腰腹部的肌肉带动大腿，神奇的是，我居然可以提起整条腿，而且并没有想象的吃力，要知道那套支具就有5斤重。在我颤颤巍巍地快走到医生面前时，他又往后退了几大步，示意我继续走。就这样往复几次，我在医生的引领下走了足足50米远！

当时整层的医生、护士、护工、病友及他们的亲友纷纷走出病房，安静的医院走廊里都是兴奋的窃窃私语，他们中很多人在平时路过病房门口时瞥见过我的眼泪，目睹过我的痛苦，今天，见证了我的重生。大伙都在对着我笑。

虽然，终此一生我可能都无法像正常人一样行走自如，但终于，我实现了小时候想要站起来的夙愿，并不断在这个梦想之上得到了更多更美好的事物。

Shape Girl 通过塑造自己身体的方式改造灵魂，进而改写自己的命运。而我，虽无法雕刻出完美的体型，但用另一种方式——站立和行走，来改写属于我自己的命运。

作者简介：

大程子，1990 年生，上海理工大学外语学院研究生，互联网行业工作者。幼时因病双腿瘫痪，后经手术治疗实现行走梦想，致力于向世人传递积极的力量。

Part Three

×

LET'S MEET
AT THE PEAK

×

我不知道
这样算不算幸运

我不知道多少人会像我一样在人生的某一刻开始发现，

过往的生活是迷茫而混沌的。

那一刻顿悟后，才会逐渐心智成熟。

29岁，我才开始变聪明

▶ 文 / 周小白

将生活赐予你的所有痛苦，

变成助你提高的能量。

只要努力去做最好的自己，

一生足矣。

1

两年前，我的身份是全职太太，女儿 1 岁。生活里都是柴米油盐、奶粉尿片。安于天命的我，并没有发现这有什么问题。

忘了那年是生日还是结婚纪念日，只记得那天抛下女儿从父母家兴高采烈地跑到与我先生约好的地方。对于全职妈妈而言，每天是快乐的，重复的，也是枯燥没有太多激情的，所以这样的二人约会对我这样一个充满浪漫情怀的女人而言，是有很多不切实际的幻想和欢喜的。

我先生工作很忙，没有太多时间可以陪我，而我做事情的节奏根本跟不上老公的快节奏，两个人处于两个不同的频道里。赶到约会的地方，由于我事先没有安排餐馆，我们花了些时间挑选餐馆。

看着我慢吞吞的样子，他气不打一处来，开始训斥我浪费他的时间，晚上他还有一个网络培训。

于是我像个小媳妇一样，跟着我先生到了餐馆，点完菜后，两个人开始聊天。也许是在气头上，他说话有点儿刻薄，说起家里乱糟糟的样子，说起孩子老人，又说起对很多生活琐碎的不满和抱怨。他觉得自己那么辛苦地工作，换来的却不是自己想要的生活。

记得我点了我最爱的火锅鱼，火锅冒着腾腾热气，也不知道是因为含在眼眶中的泪水还是那热气，让我有点看不清对面的他的面部表情。是的，他说的都没有错，多了一个孩子后，家里又来了老人，比起两个人的日子确实乱了很多；多了一个孩子后，初为人母的我更多关注的是孩子，很少关注自己以及老公；经常起夜导致整天睡不醒地犯困。我们的生活品质确实不比以往。但是有个孩子，不是我们一同规划好的么？

一下子，我心里五味杂陈，酸酸的感觉不断涌上心头，我不知道自己该说什么。说什么呢？说自己每天带孩子很辛苦？每天家里也有忙不完的事情？还是说自己年纪轻轻围绕着奶粉尿片也很不容易？最后，我什么也没有说。我记得旁边桌的人都在看着我，有那么一瞬间，我觉得自己很糟糕。

我不太记得那天饭菜的味道了，只记得那天我们两个分开得很匆忙。出了餐馆，他朝右走，赶着回家加班参加网络培训；而我，朝左走，坐公交车准备回父母家。电话响起来了，爸爸妈妈说女儿离开我后，哭得很凶，他们根本就哄不住。那一瞬间，我的眼泪开始流个不停。我平静地说："好，我很快回来。"

回家的路上，我看到路灯下自己的身影，随意的家居服，杂乱的头发，素面朝天。没有镜子，否则我想那面庞一定非常憔悴。

我想这应该是我人生中很大的一次尴尬。

一直以为，我可以温柔贤惠、听话懂事、相夫教子，平静地过一生，但现实中的我却是形容憔悴、反应迟钝、浑噩度日还犹然不觉。

2

那天在回家的公交车上，我想了很多。我内心肯定也很委屈，但是那又怎么样呢？那些委屈是改变不了现状的，反而会让我因自己的窘状而迁怒于别人。

当我为自己找的理由越来越无懈可击，或者那些理由越来越能说服我自己，那就意味着我真的接受了这样的理由，那样成长只会离我越来越遥远。

先生是我自己选择的，女儿也是我想要生的，他抱怨的那句"我没有过上想要的生活"也是客观事实。我想是哪里变了么？

他依然爱家庭，爱工作，有责任心，他没有变。而我呢？还是之前的那个我么？

因为每天在家哄孩子，我穿着随意耐脏的衣服，鞋子是怀孕前买的旧款运动鞋，因为一直带孩子。头发也没有去进行很好的护理，手指修长但是干瘦没有光泽，公交车的玻璃窗映射出我有点憔悴的样子。

这不是我。那一瞬间我才知道，如果不是我先生的话，我还沉浸在自己编织的全职妈妈的美好梦境中，为了孩子放弃职场，甘于埋首于这些日常琐碎的事务中。顶着教育养育孩子这个伟大的头衔，让自己每天懒惰，让自己每天安逸，让自己每天浪费大把时间。

有人说过："生活从来都不容易啊，当你觉得挺容易的时候，一定是有人在替你承担属于你的那份不容易。"

于是，我先生每天朝九晚五，加班工作，奋力前行，争分夺秒。而我每天吃好睡好，关注些芝麻绿豆大的八卦，浪费大把时光还心安理得。

我可以想象，五年后十年后，也许孩子是长大了，而我可能只能过一个憋闷的、被拒绝的、被忽视的窝囊人生了！

不，我不要！

3

于是，我开始用大把时间去学习研究摄影，接很多的摄影工作，参加比赛，不断进行实践和锻炼，甚至学习一门新的技能，进行多重职业探索。我还建立了自己的网站，公众号，用心对待每一位镜头前的宝宝，照顾每个拍摄家庭的心情，尽力满足每位客户的要求和想法。

后来有一个很好的机会，我又迅速地进入职场，从最基础的岗位开始不断地适应，迎接新的挑战。那时候从周一到周六上午，每天开单和做数据处理，业务对接，忙个不停，回家后陪伴女儿，周末还拍摄客片和修片，设计相册等。

2014 年 11 月，对我而言是一个很重要的时刻。在竞聘中，我顺利拿到了人力资源部主管的职位。在我的职场生涯中，以后也许还会有一些历史性变化的时刻，然而那个时刻，我想自己仍会一直深刻地铭记。它是一个开始，一个可以让我更自然、更真实做自己的开始，也是一个可以让我挖掘更优秀自己的开始。

我开始发现并且承认，29 岁的自己，原来是那么的平庸。我不知道多少人会像我一样在人生的某一刻开始发现，过往的生活是迷茫而混沌的。那一刻顿悟后，才会逐渐心智成熟。29 岁之后的我，才意外地有了渐入佳境的感觉。

我开始每半年给自己制订一次八小时之外的学习计划。发现自己的专业短板，于是深夜上课，系统地学习人力资源专业知识，考取人力资源管理师资格证书；发现自己的数据短板，于是报名线上 EXCEL 课程，下班后参加课程学习，完成课后作业成为优秀学员，并且用所学完善自己的工作流程；发现自己的思维局限，于是参加特训营，线上线下积极学习，周末去上海、去北京学习更多更

将生活赐予你的所有痛苦，变成助你提高的能量，
只要努力去做最好的自己，一生足矣。

新的人力资源管理理念和知识；发现自己的时间管理问题，于是研究和践行时间管理，阅读、写作……

改变自己，真正身体力行地付诸行动。很多人做不到，都是因为懒，都是因为他们没有遇到人生的尴尬之处。也许遇到了，但是他们却不自知，反而迁怒于他人。于是，终究没有将改变自己付诸行动。他们内心一直固执地认为，现在的自己很好，很棒，有问题的永远是别人。于是成长会离这群人越来越远。

这是我 29 岁才明白的道理。我惊喜且意外地发现，原来自己可以变着法地活成不一样的自己。敢于实践，敢于尝试，敢于突破，敢于改变自己。将生活赐予我的所有尴尬之处，转变成让我变得更好、更优秀的动力。

4

今年生日，我先生问我去哪里吃饭，我说想要找到两年前去的那家餐厅，他竟然真的让我如愿了。尽管，他晚上依然有需要加班完成的网络培训，但是他极有耐心地陪着我。

我再一次去那里吃饭，是为了告诉自己，必须做一个更好的自己，不期待、不依附任何人，不给别人添麻烦，独善其身，再也不要遇到那样的人生尴尬，和那样没用的自己。

不抱怨人生，努力赚钱，做自己想做的事情，探索人生更多可能性。哪里跌倒，哪里爬起来。

两年后的我，妆容精致，热爱生活，为自己的人生负责，为自己的梦想买单，活成了自己曾经渴望的模样。

如果你也是一位全职妈妈，请你一定不能放弃自己，利用好时间，从现在开始，多读一点书，多学一点东西，只要坚持，终有一天这些积累慢慢地会让你看到不一样的自己。

如果你跟我一样，也是一位职场妈妈，你一定明白时间对于我们而言有多宝贵，所以一定要善用我们仅有的时间，努力利用工作之余的时间打造自己的职场竞争力，成为职场中优秀的人，有用的人，独立的人，这比什么都重要。

"会有那样的一天，你活成了你最想要的样子，过去所有的伤痕都变成了勋章。"将生活赐予你的所有痛苦，变成助你提高的能量。只要努力去做最好的自己，一生足矣。

29 岁之后，我才开始变聪明，也许你会觉得很可笑。但是，于我而言，这是多么幸运的一件事情。

作者简介：

周小白，职场妈妈。白天是某公司人力资源负责人，晚上带孩子，早起写字、读书。热爱摄影、画画，坚持写走心的文字。为了记录女儿的成长，零基础自学步入摄影世界，成为自然光儿童摄影师。

就把它当作一次神赐的悠长假期

> 文/夏一慕

谢谢你，典。

因为该我经历的，我都经历；

该你出现了，就刚刚好。

就把它当作一次神赐的很长很长的休假吧，不需要总是尽全力冲刺的，人总有不顺的时候，或者疲倦的时候，不必勉强冲刺，不必紧张，不必努力加油，一切顺其自然。然后呢，然后大概就会好转。

——《悠长假期》

2015 年的春节，我和典一起去杭州和千岛湖度过我们在一起后的第一个假期。选择冬季来江浙，后来被证明是一个特别不明智的决定。湿冷的天气，动不动下起没完没了的小雨，冷风起的时候，比起下鹅毛大雪的北方还叫人不知所措。

抵达的那天晚上，好不容易找到了一个弄堂里的餐馆。其实我们真正确认恋爱关系，彼时刚几月，天寒地冻也顾不得太多父母从小教育的例如"吃饭不要吧唧嘴，没教养""喝汤不要拿嘴对着勺子带着风呼呼啦啦"，我俩各自捧起面前的老米酒配打卤花生米，暖意上身。顿觉人生美满，连两条腿也不由得在桌下晃悠。

恋爱期间，免不了探讨下人生大而无当又颇能看出心性的问题。这次我俩上来聊的就是理想。

借着微醺的状态，我很直爽地说："我希望我能为这个世界创造点什么隽永。人的一生在历史里短如一眨眼，而创作的成果却可以绵延下去，影响或是造福更多人。我的人生有一万种可能性可以把事情做成，你迈出脚，找到身边所有可能的联系人试试再说。

理想，就是能创作点什么比我活得长久的事物。"

"也可以是和爱的人一起生养并教育好孩子啊。"

典，坐在我的对面，一双真诚的眼睛闪着光，灼灼地盯着我。我啃着东坡肘子，愣了，以至于后来很长一段时间我总是不能把我们俩，组建家庭，抚育快乐的孩子，这个画面与东坡肘子的香味分开。当然这是后话了。

那天晚上以前，我从来没见过谁这么诠释我的理想。在此前，我一直觉得只有流芳百世的画家、作家、作曲家、设计师，社会的革命者才配得上理想目标。他是工科出身，而后工作步步为营一路从项目管理到企业顾问，最后又进了金融领域，是个典型的思路讲求逻辑和规则，做事缜密耐心的人。

组建家庭，理论上就是传宗接代，事实上可能还是传宗接代。可是，社会有了一个个小家庭，那么人开始有了联系，有了共同经营并为此重设人生规划，有了效用超出个体的价值。

我二十七八岁了，爱过一些人，也被一些人爱过。可我总觉得自己活得像一个战士，顺境和逆境总是成对出现，从未交过什么抽奖抽三等奖以上的好运。我对感情一直晚熟，简直与事业方面相反。豆瓣上认识我超过五年的朋友，恐怕人人都知道我上一段长达十年的暗恋"杯具"。

我饶有兴趣地看着对面坐着的同龄人，似乎打开了另一个世界。我的悠长假期，快要结束了。

　　在我遇见典的前几年里，应该是人生处于低谷的第 N 期了吧。

　　我在中部省会城市从事金融工作，在这个地理意义上的中国中部——与北上广深几乎等距，我念书，毕业，工作，每天往返于长江两岸。我去北上广深巴蜀出差、开会、培训、比赛，我以最快的晋升速度开了省公司的先例，又以最短的时间抵达了瓶颈期。慢下来的时候，是最无望的。起身环视周遭，动辄是年长我七岁的前辈等着被提拔。他们好几年未曾涨过的工资单就像这个二线城市发展速度的真实写照。

　　想找个同伴聊聊，却发现要么是同龄不同命，我所担忧的战略业务发展和自身能力匹配问题，人家还得好几年才遇上；要么是同命不同龄，别人担忧的家庭问题、孩子教育问题，如阅天书。那时，我每天中午两个小时都一个人泡在公司对街的健身房，常年九点以后关灯才走。活得不高不低，目光所及的远方，用直尺都能量出来。

　　后来，作为年龄最小的被推荐人，我进入了总公司一个人才计划，开始跟着一群大哥大姐在全国各地上项目组、研发创新。这都是我喜欢的事情，在这个过程中，我渐渐意识到自己的短浅。

　　花名册里我显眼之处除了年龄还有学历。泉州、温州的同事完全是在用另一种眼光看待商业社会，连比我大两岁南昌来的同事也已经是两个部门的一把手，北京的同事随便一个就是北大剑桥双向委培生。如果这是练兵场，我这个中部地区的"小人物"还没上擂就被闪瞎眼。我庆幸认识了一帮良师益友，我也学得很潜心很勉力，因为自知差距何止那一张花名册。

回来以后，正当我跌回了无生趣中，一根从北京来的橄榄枝放在我眼前。一位离职的前领导，向我发出一张去北京的录用函。收入自然是有了量的飞跃。对于单身又有职业追求的女性，这似乎是最完美又恰当的跳槽机会了。挂了电话，我内心像放电影一样回顾起在人才计划项目上的经历。我看到了自己的价值得到市场认可，更看到了那罩在我头顶的天花板。

我缺的东西太多，缺经历、学识、眼界、同伴。去了北京，提拔了又如何，在那个练兵场没有足够的武艺傍身，我只能再一次闪瞎双眼。

我开始捡起书本复习GMAT。工作五年，该回炉了。我看好这个行业新的发展方向，业余时间全是泡在互联网上学习，我积累着多多少少的经验和更多的问题，我需要一个更开放多元的地方，和志同道合的人切磋武艺。在职复习有多辛苦也只有经历的人知道。

我辞职辞得颇为"内忧外患"。那段时间，工作没少做，还得跟领导谈话，下班挤出时间复习……总而言之，我还是离开了这家打从毕业干到今日的东家。走得有点灰头土脸，连散伙饭都没好好请同事们一顿。因为国内的托福报名不上，那时候除了复习我还忧心地找黄牛刷着考位，最后在韩国的表妹帮助下匆匆订票去了首尔考试。

申请期间，收到杜克大学福库商学院的面试，那天正好是情人节……

人生有一万种可能性可以把事情做成，你迈出脚，找到身边所有可能的联系人试试再说。至少，我还是找到了。

当申请 MBA 终于进入尾声，乐哉乐哉想象着在大洋彼岸美利坚合众国的生活，心里跟武汉说了一百次再见，我认识了典。这段一开始就要马上面临异地恋的感情，我们只是彼此微笑安慰，又是一个悠长的假期。就用典写给我的近十万字书信里的一段话做结尾，如果你也曾经历过悠长假期。

"有些事不用一个晚上都做完的，我们又不赶时间。是不是很熟悉的感觉？我觉得做人有两点非常重要：一是做事靠谱，既要有做事情的能力又践行契约精神；二是讲分寸，多一分则腻，少一分则淡，刚好就行。"

谢谢你，典。因为该我经历的，我都经历；该你出现了，就刚刚好。

作者简介：

夏一慕，混迹豆瓣若干年，和潇洒姐塑身一百天而网络结缘。在金融界从业五年后回炉重造，目前是 MBA 二年级学生，和日本伙伴为素颜健康的创业计划添块砖。微信公众号：ShareMove。

我的亲戚是理工男

▶ 文 / 桃小夭

爱着你的爱，

感受着你的感受。

为你变成更好的样子。

前不久单位填表，个人信息里有一栏是填写直系亲属，想了想填上了父亲和母亲，又随手发个信息给老公，问："你是不是我直系亲属？"

很快收到对方回复，答："不是。"什么？作为配偶的你居然不是我直系亲属？不死心又发信息给他：那你是我什么亲戚？我那严谨的理工男（以下"老公"称为理工男）迅速回复了两个字：姻亲。

姻？亲?!

天呐！虽然这两个字我都认识，但却是第一次作为同一个词组并列呈现在我眼前。

在填表事件之后，基于我和理工男对这个亲属关系的分歧，我们去求助了百度，百度上是这样解释的：

直系亲属，指和自己有直接血缘关系或婚姻关系的人，如父母、妻、子女。

含义：血缘关系的上下各代亲属。

分类：直系血亲和直系姻亲。

相关概念：直系血亲，是指彼此之间有直接血缘关系的亲属，包括己身所从出和从己身所出的两部分血亲。如父母、祖父母、外祖父母等，以及己身生育的后代，如子女、孙子女、外孙子女等。

直系姻亲，包括配偶、配偶的直系血亲。

结论：从直系亲属的定义上来说，夫妻应属于直系亲属，但按照《婚姻法》的规定，夫妻一般不属于直系亲属，而是姻亲。

吧啦吧啦半天，简单粗暴地来理解下，直系亲属就是有血缘关系的人，生养你的父母，父母的父母，你所生育的孩子，以及孩子的孩子等等。而你自己的亲兄弟、亲姐妹是旁系亲属。至于夫妻，作为没有血缘关系的亲属，只能算作姻亲，也就是由婚姻关系缔结组成的家庭关系。

当然，如果这种婚姻关系由于种种原因不复存在了，你们之间的亲属关系也就随之解除了，哇哦，还是百度厉害，夫妻到底是何种关系，其实是由一张薄薄的纸决定的，纸在关系在，纸碎了，关系也就破碎了。

所以，你算我哪门子亲戚？

这个困扰我许久的问题，终于搞明白了。

这个和你夜夜共枕的人，纵然你喊他"老公"，喊他"honey"或是"亲爱的"，在法律上来说，他和你一生之中最大的关联性也就只是在亲属关系那一栏中的"配偶"两个字。

有点震撼，有点讽刺，却又真实，并且合情合法。

说说我们吧。

2009 年，那是一个春天，我们花了 9 元钱，盖了一个鲜红的章，宣了一个庄重的誓言，领回了两本鲜红的结婚证书。

在欢天喜地共同奔赴幸福生活的同时，你我在对方的个人信息表里就拥有了"配偶"的身份。

很神圣，同时严谨而庄重。

由于工作关系，婚后的二人世界也维持了好几年的异地生活。嫌电话线太长，也会任性地请了年假，从四季如春的南方跑去大雪纷飞的北方看你，依然满世界逍遥，在一起的日子里快活似神仙，而两地分居的时候，我一个人也能把生活过成诗，跑步，健身，练习厨艺，不厌其烦地去逛家居饰品店，淘各种特色的小摆件，一块桌布，两朵鲜花，几尾金鱼，把我们的小窝慢慢布置成家的样子。我和我的亲戚天各一方地生活着，我也依旧没心没肺，快活得跟单身狗一样。

我从来没担心过他有出轨的倾向，也不会感觉一个人的家有多么孤单，我做什么的时候都想着如果他在会怎么样，他也习惯有大小事都向我汇报。虽然离得很远，却和对方感同身受。

没有血缘关系的亲戚，维系关系真的不能仅仅依靠那张纸。

经常有人问我婚姻到底是不是爱情的坟墓，其实埋葬爱情的不是婚姻本身，而是你对爱情失去了耐心，不想花费精力去经营它。保鲜爱情我也并没有什么特殊的秘诀，只是把付出变成了彼此的一种习惯，随手递上的一杯水，天冷时的厚棉被，每天早晨放进对方包里的便当盒……这些点滴的事情传达的信号却又再清晰不过了，时间久了就成了一种习惯。它滋润了爱情，也保鲜了婚姻。

爱着你的爱，感受着你的感受。为你变成更好的样子。

记得还是在学生时代，青春时我最爱的颜色是忧郁的蓝色，爱听的歌是张信哲的歌。

第一次遇见理工男，他在球场打球，穿了一件蓝色 T 恤，黑色裤子，无框眼镜，跟我说话十分腼腆。后来在食堂碰见我，总是紧张得连筷子都忘放了就跑过来说几句话。我吃不惯南方的大米，他每周都让同学帮忙带馒头回学校，打电话到我们宿舍，想聊天却没话找话，就说自己想家。晚上上自习时在本子上画星星，因为那时我的英文名是 Star。一直到现在我都记不起理工男到底有没有跟我说过"做我女朋友吧"，怎么我就自投罗网跟他走到一起了呢？

理工男先生不善言辞，从来都不擅长喊"我爱你"这种大口号，却总是用实际行动来传递心意，而他的表达方式也十分特别。

在情人节、妇女节、圣诞节这些日子，他从不会特意买玫瑰或者巧克力之类的东西送我，只是每年会把自己的奖学金攒起来，在特定的日子里，送我一个大大的东西。

20 岁生日那年，理工男先生花了 800 块大洋，买了一台钻石形状的 MP3 播放器送给我，还有手写的生日祝福信，以及许多画得笨拙的星星。

那个时候的 800 块钱是什么概念，我可以给你们解释下，玫瑰花是 3 元钱一朵，德芙巧克力是 6 元钱一条，吃顿大餐也不会超过 80 块钱，而当年学生党一个月的生活费是 500 块钱。还好那时候没有朋友圈，也很少有人在网上晒自己的礼物，彼此之间并没有什么攀比的必要，只是，这样实用的惊喜足够我体味很久很久，久到下一次收礼物的时候。

其实回头想想，理工男先生的消费观念是很超前，也是很实用的，从刚认识那时候起，他对金钱的使用观念就开始深深影响我了，在我们相濡以沫的日子里，我也从没有在商家吵到喧天的各种以消费为前提的纪念日去冲动消费，而是什么时候需要东西，什么时候才去买。平常不乱花小钱，减少不必要的支出和浪费，在需要大手笔的时候，不犹豫，不皱眉。

我们这个故事的开头也许和千篇一律的异地恋一样，聚少离多的时光里，成摞的电话卡，粉色的火车票攒了一大把，从早已灭绝的千禧年的 201 电话，到面值 100 的手机充值卡，从传呼机，到公用电话，到固定电话，再到人手一机，时代在变，彼此的电话号码也在变，但幸运的是，电话线那端的人儿没有变。

荷尔蒙和多巴胺也有趋于稳定的时候，恋爱是甜蜜的，而婚姻是认真的。我和理工男结束爱情长跑，走上红地毯的那一刹那，恍如在梦中见过此景。仿佛冥冥之中早有安排，让你我终结连理。

婚姻走到第七个年头，颇有了些老夫老妻的意味，特别是在二人世界里挤进来一个小小情敌，变成了两大一小的时候，这种感受更为强烈。

不食人间烟火的潇洒成了过往，俯首红尘的生活在柴米油盐锅碗瓢盆的交响曲中蹉跎了一天又一天，早上各自匆匆出门奔赴新的太阳，白天偶尔短信联系，也都是诸如：

"备用钥匙在哪儿？"

"第二个抽屉。"

"下午开会，不用留饭。"

"好。"

"在北门。"

"马上到。"

"下午你去接吧。"

"好。"

简短的如同电报一般的文字，却也传递着只有我们才懂的默契。

认识到结婚，走过了8年的光阴，从结婚到现在，又过恋爱是甜蜜的，而婚姻是认真的。

了近 7 个年头，从狮子座的流星雨再到粉雕玉琢的小女儿，时光是最好的见证。

人出生来到世上，没有谁是为谁量身定制的，婚姻的结合，势必要让原本独立的两个个体长到一起。磨合、再磨合，熟悉得不能再熟悉，也还是避免不了纷争与矛盾，表面上看，你我相对独立，各自保持刚刚好的距离，不会太紧，也不会遥不可及。"叶，相触在云端，根，相握在土里，没有人能听懂我们的言语。"

我相信的爱情，不是你我眼里的深情对视，而是，朝同一方向的眺望。

理工男先生，愿青山不改，绿水长流，此爱绵绵，永无绝期。

此生你我还有许多个纪念日要携手一起走。

愿来世有缘，我们还做亲戚。

作者简介：

桃小天，电视台编辑出身，立志做"铁肩担道义，妙笔著文章"的媒体人。做梦时能写诗，清醒时算不清小学数学题，游离于梦想和现实之间的浪漫主义者。个人公众号：也食烟火也似仙（ysyhysx）

还不是因为穷

▶ 文/塔塔

问:"你因为穷做过什么事情?"

大神答曰:"上班。"

1

"你看看这评论！"王潇把手机扔给我，一屁股坐回椅子上。

没办法，人终归还是免不了庸俗。（27个赞）

广告狗！（16个赞）

你怎么也开始接广告了，取关！（9个赞）

"你看也有人说得很好啊！你看这儿写的：

到底微博上为什么有那么多把有钱等同于罪恶把赚钱等同于庸俗把接广告等同于没道德的人，你们认为一个人人品好是必须风餐露宿节衣缩食毫无存款乐善好施吃糠咽菜？

"还有这条：

哈哈哈，什么是庸俗？大姐之前转发过一条微博——赚钱是最深刻的修行，而且不管什么时候都没有表达过自己是视金钱如粪土的神仙，也没有说过自己绝不打广告，人家开公司是以盈利为目的的，难道是做慈善事业？anyway，看到喜欢的博主帮助这么多人，并且能打一些产品还不错的广告，我支持。

"你看这些评论都很好啊，我要给他们点赞去。"我噘着嘴回答道。

王潇挨骂这件事赖我，作为她的经纪人及公司的公关，我需要不断地去寻找合作伙伴，以便更好地为趁早星人们提供福利，当然，对于品牌来说，大姐的影响力自然是金主大大们首先考量的。虽然我不否认这位金主大大对自己撰写的文案充满着迷、自信，但为了之后"趁早星球"的打卡礼品，还是磨了王潇好久，她勉强同意发了广告。

"你可别跟人吵架去啊。"王潇看我哭丧着脸，就知道我想去叨咕了，我噢了一声还是默默地点了几个赞。心里委屈啊，就像评论说的，接广告挣钱怎么了？我们不是提倡大家要正视灵魂、肉体、钱三个维度吗？怎么一到钱这里就庸俗了？人活在尘世中怎么能不庸俗呢？谁不吃饭拉屎？没广告趁早星球的打卡礼品从哪里来？没广告每年趁早年会的千元随手礼从哪儿来？每选一样产品我们都慎重再慎重，全部经过试用确认是真正的好产品，才会提供给大家，又分文未取，我做错什么了？

也不能说我不理解她们，因为往前推个十年，我也曾经觉得钱好庸俗啊，我一文艺女青年，我这么不食人间烟火，怎么能提到钱呢？虽然也曾对着苍天大海立下要嫁个有钱人的誓言，但向来只是个语言上的巨人，行动上的矮子。尤其我们不是提倡大家要正视灵魂、肉体、钱三个维度吗？怎么一到钱这里就庸俗了？人活在尘世中怎么能不庸俗呢？

《让我们相逢在更高处》好书共享，晒书有奖

　　2017 年 3 月，王潇主编的《让我们相逢在更高处》隆重面世，邀约伊心、咸贵人、李尚龙和趁早星人们分享了 26 个故事，他们就是在灯下夜读的人，他们就是闭关练剑的人，他们就是专注追捕猎物的人，他们就是在羊皮卷写下文献的人，他们活了几个世纪，此时此刻，终于遇到了彼此。

　　长久以来，我们都在独自攀登，低落与狂喜、相遇与别离、收获与舍弃，不论如何，总有坚定的信念支撑我们继续向上，站在更高的峰上看最美的风景，永不放弃。这些人生故事能够帮助你击破内心的软弱，激发改变自己的强烈意愿与勇气，陪伴你度过孤单、无助与迷茫的时光。

　　现在在微博或微信上写下 2017 年你要达成的三个目标，并晒出本书封面，@ 紫图图书和 @ 王潇 _ 潇洒姐，就有机会获得紫图图书 & 趁早赠送的大礼包！

活动规则：

　　1. 在新浪微博关注 @ 紫图图书和 @ 王潇 _ 潇洒姐，以 # 让我们相逢在更高处 # 为话题，写下 2017 年你期望自己做到的三个目标，晒出本书封面，并 @ 紫图图书和 @ 王潇 _ 潇洒姐。

　　2. 在微信上关注"北京紫图图书"（zito_64360028）和"趁早 SHAPETOURLIFE"微信公众号（作者官方微信），或者直接扫一扫下方二维码关注，以 # 让我们相逢在更高处 # 为话题，写下 2017 年你期望自己做到的三个目标，晒出本书封面，分享至朋友圈，添加小编微信（zito64360028），将截图发给小编即可。

　　（以上微博或微信活动参与方式，任选其一即可！）

　　活动结束后 7 个工作日内，我们会选出符合活动要求的优秀晒图作品给予奖励，之后在紫图图书官方微博与"北京紫图图书"微信公众号上公布中奖名单，获奖读者将联系方式私信给我们后，工作人员将根据地址寄出奖品。

　　活动截止日期：2017 年 7 月 12 日（本活动最终解释权归北京紫图图书有限公司所有）。

奖品设置：

特等奖 3 名： 赠 趁早 SHAPE 秋冬季运动轻薄羽绒服女 短款户外跑步羽绒服 CZ6Q3039
一等奖 5 名： 赠 趁早 SHAPE 户外运动黑色轻便双肩背包 CZ6Q4037
二等奖 10 名： 赠 趁早 多学多做系列手册 草稿本 便签 方格本 点点本 套装
三等奖 20 名： 赠 趁早主题手册 - 极少数人手册 强者总是少数派 商务精英笔记本单本装
幸运奖 50 名： 赠 趁早主题手册 读书手册 Just One More Chapter
　　　　　　　　趁早 2017 效率手册【薄本】多色 日程本 文具笔记本 日记本手帐
　　　　　　　　（幸运奖随机赠送其一一款）

特等奖　　一等奖　　二等奖　　三等奖　　幸运奖

扫一扫，关注
紫图图书微信

是在当饭桌上的妞儿时，觉得自己简直是餐桌上的汩汩清流啊！当别的姑娘娇嗔着跟大哥要包包时，我跟人家谈诗词歌赋，大哥说："送礼物给你呀。"我连忙摆手："不用不用，我有我有。"暗恋的大哥拍着我的肩膀说："塔塔啊，你和别的姑娘真的不一样，很久没见过你这样有思想的姑娘了，跟你一起聊天太有意思了。"说罢，大哥送了娇嗔姑娘一个又一个包儿，并把她娶回了家……而我只好拿着攒了几个月的稿费，在国贸一次性花完。"我真棒，喜欢就自己买。"我对自己说。"5555，我也好想不劳而获啊。"我又对自己说。

2

命运就是这么奇怪，往往人越怕什么就越来什么。比如说为数不多的几次上班经历，不管应聘什么职位，最后都把我转向业务部门，哎呀我心说，你们觉得我话痨就代表我好意思跟别人谈钱吗，要能的话我早就嫁给大哥过着锦衣玉食的生活了好吗！于是，没过多久我便因无法适应新职位而辞了职。

羞于提钱一直是我的软肋，不仅无法胜任新职位，做自由职业的时候也经常因此吃亏。"塔塔你帮我写个文案吧！""塔塔你帮我改个文章吧！"（相信会设计和会摄影的同学也经常遇到这样的情况吧！）总之最后往往是因为不好意思提钱，给人写了一堆东西，人家一句谢谢就再也没后文了。后来有几次我终于鼓起勇气说："亲爱的，你需要付我稿酬。"结果基本分为两种，一种是"我也没什么钱，你帮我这次，下次给你找个大活儿，你看这么简单，你分分钟就能弄好"；另一种是"成，你说多少钱，给我报个价""呃……要不你看着给吧"，一种乞讨感油然而生。总之，你不好意思的时候，人家都挺好意思的，心里别提有多憋屈了。

　　至于什么时候终于好意思开口要钱，由于没有什么标志性转折点，我也记不太清了，但我却越发清楚地知道钱这东西的好。在王潇《女人明白要趁早》三周年版的序言里我就写过，有了儿子后我比以往更爱钱。我的儿子——一有一种叫作肠系淋巴结增生的病，大意是每个人肠系淋巴都有增生，但是基本上是米粒大小，但一一的增生有花生那么大，吃凉的东西时就会产生应激反应，导致"花生"继续膨胀，引发严重的腹痛。但并没有什么办法让"花生"缩小，只能等一一长大后身体自然忽视"花生"的存在。当然，在知道这种病之前我和老公白纸先生因为他间歇性的腹痛，跑了好几次北京最有名的医院，还特意找了洋大夫，钱没少花，洋大夫每次也都信心十足地告诉我们孩子没病（事实告诉我们看病这事千万别崇洋媚外）。四处求医未果，最终还是在北京某高端儿童医院找到答案，经验丰富的儿科老大夫在我描述完症状后第一时间判断出是这种病，而后建议我们做 B 超进一步确诊，并委婉地告诉我 B 超大夫非常有经验，但是 B 超比较贵，我们是否还要进行检查。"当然要检查，这还用说？"我心想亲儿子啊，钱又算个啥。"现在是 11 点，你们先找个地方吃饭吧，1 点钟医生才能到这边来检查"，和蔼的老大夫有点抱歉地对我们说。

　　下午 1 点，医生准时到达 B 超室，我敢说我从来没有见过那么认真、态度那么好、那么有耐心的大夫，B 超结果再次确认之前老大夫的判断，我们只需在药店买盒 21 块钱的冲剂，就能缓解病情。回家路上我和白纸一路夸赞遇到的两位医术高超、医德高尚的大夫，这时收音机开始播放类似于劳模先进事迹的广播。一听介绍，这不是刚刚给一一做 B 超的医生吗，他竟然有名到在三甲医院需要提前 3 个月才能预约到他的检查，很多患者从外地赶来一等几个月就是为了能挂上他的号，而我们在那家医院用钱享受了特权，只等了两个小时就请中国著名的医生给孩子看病。我和老公在车里安静地听完医生的先进事迹，我对他说："有钱真好，咱们要挣好多钱好吗？"

3

　　我是个容易被一点小成就就迷得沾沾自喜的人，因为去得起私立医院，买得起包包，就觉得自己的日子过得还不错，把和老公的每年一度为期一周的东南亚海岛游，一下拔高成了一年两次为期半个月的欧洲游、夏威夷游。毫无计划地花钱导致之后的一年，我们连北京都没敢离开过。刚韬光养晦了没多久，被南美文化迷得五迷三道的我又瞄上了高端旅行，一听说有个低于市场价几万的机会，想都没想就决定甩掉老公儿子只身前往。为什么只身前往？当然是因为全家出游实在太贵。第一次南美旅行的同行者是一家三口，恰巧人家的儿子比我儿子小一天，大家在机场相谈甚欢，排队登机。而后人家就上了空中客车二层的头等舱，而我的位置就在楼梯拐角处的经济舱。一家人有点惊诧 26 小时的飞行距离我竟然没买头等舱，人家的儿子拉着我的手眼里噙着泪说："阿姨跟我上楼，阿姨我喜欢你。"我只好尴尬地摇头说阿姨不能上去。阿姨也好想哭好吗！

　　第一次南美旅行结束后，我应北京趁早读书会之邀分享在南美的见闻，最后一句总结陈述为，"还是得有钱"。然而在这一年之中，我并没有变得更有钱，第二年再次前往南美时，飞行时间从 26 个小时变成了 30 个小时，坐商务舱还是经济舱，这是个问题，"嗯，还年轻，忍忍就过去了，省下的钱都能买个包了"。在之后的十几天中，很幸运地认识了一票年龄相仿又玩得来的朋友，归期已至，小伙伴们拿着头等舱的登机牌进入休息室，而我还在举棋不定要不要升舱，一边斗争着一边登了机，一边斗争着一边听机上广播说还有 4 个商务舱位，一边斗争着一边听机上广播说已经没有商务舱了但还有超级经济舱，一边斗争着一边听机上广播说超级经济只剩两个位置了……我对自己说："还犹豫什么啊姐们儿，30 个小时难受死了！"而后立即起身从机尾逆着人群往前面挤。A380 怎么那么大呢？还没挤到一半，空姐就遗憾地通知大家超级经济舱也没有了。而噩梦是，我的左右座位各来了一位胖子！胖子！懂吗各位，不是那种捏起肚子肉说"哎呀我又胖了"的微胖界翘楚，而是一人能坐俩座儿，感觉一顿饭能吃 50 个汉堡的外国大胖子！

曾经和王潇讨论如果能财务自由，自己将会过什么样的生活，我说："首先出门得买头等舱不心疼！"写这篇文章时，北京正下暴雨，收到知乎推送，问：你因为穷做过什么事情？大神答曰：上班。

嗯，不说了，我上班去了。

作者简介：

塔塔，北京姑娘，永远 18 岁的黑猫少女，关注我的微博吧：塔塔 _tata

不存在的少女

> 文 / BB

人们习惯把 80% 的社交都搬到了屏幕上，

但这样下去，我怕会浪费了整个世界。

我是个没有朋友圈的人。

当生活变成朋友圈里正在发生的事儿，这本身就是悲哀的。我不发朋友圈并不是想高冷地对抗这个世界，只是想试着证明，自己的人生，不是靠屏幕而活。

现在的人的生活啊，好像有一部手机就够了。这里有亲人、朋友、客户、同事、代购、同学、前任、陌生人以及拉黑自己的人，当我们身临其境，就会产生一种已然熟知照片和文字中的一切的错觉。

获取信息虽快，但路径短，深度浅，感受少，遗忘快。

我承认，我复杂多变的人格，偏喜欢探究真实。

社交媒体之所以会成为人们的日常，归根到底是因为快且不需要走心，这样我们就能很轻易地在上面粉饰出一个不存在的自己。

世俗的褒贬标准往往是有从众性的，在这种追逐之中，我们自愿给自己贴一个标签，小心翼翼地扮演着一个设定好的人物，防止面具损坏。我当然懂其中的乐趣，虽然不玩微博或公众号，但我是经历过人人网的。

那时的我比现在瘦很多，年轻心大不服输，是学生会公关部的部长，被摄影系的老师邀约做过模特，也总爱拍些奇奇怪怪的照片。慢慢地，我在人人网上有了越来越多的好友申请，一度莫名受到人人网站底部"校内红人"板块的推荐。

　　没错，这种繁荣的表象和浮夸的追捧让我着迷。

　　要保持热度和维持点赞数并不容易，拍好看的照片成了唯一的目的。一张能用的照片背后是一系列烦琐且缺一不可的程序——磨皮、美白、祛痘祛斑、放大双眼、拔高鼻梁、瘦脸瘦身、拉长双腿、选择滤镜、胡诌图文不符的文案，还要不刻意，不用力，好在照片上粉饰自己，远比读书、看电影、学英语来得简单，我当然乐此不疲。但副作用是，大家不过脑子的评论和点赞，让我产生了某种错觉——全世界都爱我。

　　那一年的选修课，由于类别学分限制，我被迫报了艺术形体课。这对于四肢不协调的我来说，简直就是毁灭性灾难。不过也给了我在社交媒体上晒的新话题，于是那段时间我的状态和照片总是离不开形体教室，假装自己好像很擅长做芭蕾的那几个手位、脚位，实际上我总是在旋转跳跃的时候摔跟头。

　　这门课程的结课作业是分组编排表演一支形体舞蹈。课上的同学们各自抱团，分别选了组，可我，最后却落了单。我本以为会有不同的人来请我进组，结果大家只是互相看着，不说话，不主动，满教室的人尴尬得不知所措。傲娇的我不想投降，最后只好悻悻地跟老师说，要不，我跳独舞吧……

　　说实话，那个场景让我很受伤，说好的全世界都爱我呢？怎么却混成了独行侠。

　　后来，我开始赖在宿舍里，一是对着各路形体芭蕾视频，研究结课舞蹈；一是对着自己的人人网页面发呆，所谓红人是假象吧？网上的追捧会持久且保证真实吗？大家说的"喜欢"和"赞"有多少是敷衍、习惯和从众心态作祟？

躺在宿舍的时间久了，和新舍友聊天的机会便多了起来。有天我去卫生间回来，不小心看到她的电脑显示器页面正显示我的豆瓣主页，头皮一阵麻，"你是在看我的豆瓣吗？你怎么知道我的豆瓣账号？"我莫名有种被特务组织盯上的阴森感。

"我不仅看了你的豆瓣、人人，还找到了你的博客。你不知道我都是一边和你聊天，一边看你的照片和写字儿的吗？"

"……你要干吗？你是变态吗？"

"你不懂，这感觉特别奇妙，跟你说话和'视奸'你的各路账号明明是同步进行，却感觉很跳戏，到底有多少个你？"

"有时间研究我还不如多睡睡觉呢，我怕你发起疯来伤着我，还不用负法律责任。"

"单从这些账号上看，你可比我疯多了，睡觉可没研究你的分裂有趣。"

"少来，就跟你不玩这些个社交媒体一样。"

"我玩啊，可我没你那么沉迷，我也不想拼了命地在上面营造出一个人见人爱的虚拟自我。"

"我也没有……"

"有本事别心虚。我睡了，练你的独舞吧，'校内红人儿'。"

最后的结课舞蹈我机智地选了首超慢的《What a wonderful world》，加上还算努力地练习，动作美不美我不知道，但没漏拍。或者因为对动作产生了肌肉记忆，跳着跳着我竟没有过度地关注动作，而是不自觉地有点沉浸在这首老歌的歌词里，一不小心连自己脚指头上的毛孔都感动得打开了。

I see friends shaking hands saying how do you do

They're really saying I love you

I hear babies cry

I watch them grow

They'll learn much more than I'll never know

And I think to myself what a wonderful world

对啊，这个世界我只来一遭，它这么美，我却还沉浸在自己营造的虚拟幻象里，看不清自己，也看不明白世界。

我脑子里涌出那天和舍友的对话，回忆着过去一年里让我感动的每一个瞬间，竟都停留在电脑屏幕上，我着实感到害怕。我并不想做以照片彰显"到此一游"的游客，我想厚植于这世界，深刻地感知周遭美好或丑陋的一切，不追随别人的想法，不因舆论而跑偏，所有观点都源自自己的大脑，厌恶或热爱，自己说了算。

这个世界我只来一遭，它这么美，我却还沉浸在自己营造的虚拟幻象里，看不清自己，也看不明白世界。

就像此刻摆脱人群的独舞，这虽然不是本愿，但此刻的我却沉浸其中。表演结束后，老师当场给了我最高分，她说，我的动作不美、不协调、没新意，她都不想再看一遍，这96分给的是我独舞的勇气。

我跟新舍友变成了最好的朋友，我们整夜地在楼梯间喝酒、撸串、听歌、聊天。我们一起看电影、旅行、答辩或做批判性的阅读。之后，我在使用社交媒体的时候都秉持着极简主义。不让它们过度地干涉、参与、左右我的思想和生活。

你看，我不再一个人旅行，假装自由又开心；不再编一个自以为好笑的段子，等每一个人点赞；不再深夜发所谓的美食，其实并不好吃；不再晒一杯黑咖啡，其实很苦也不香；把在书架前自拍的时间省下来看书，把修照片的时间留下来跑步……所以现在的我只存在于朋友身边，不存在于朋友圈。

人们习惯把80%的社交都搬到了屏幕上，但这样下去，我怕会浪费了整个世界。

反正我就是这样扮演一个不存在的少女，任性地用大脑而不是手机去感知真实的世界，擦亮眼睛，好好生活。

如果要爱我，请来我的生活里爱我，和我一起吃饭、喝酒或跳舞，请不要光在朋友圈里给我点赞。

作者简介：

BB，一名不存在的少女。

Part Four

×

**LET'S MEET
AT THE PEAK**

×

付出不一定有收获
学习和锻炼身体除外

人生不仅仅有加法还有减法,

能把一件事做好已经不易。

念念不忘，必有回响

>> 文 / 安安

我可以接受尝试了之后失败，
但我不能接受还未尝试就退缩！

2016 年 6 月 24 日，是一个值得纪念的日子，这天，我终于拿到了研究生录取通知书。而我为了这个目标，已经努力了 7 年。我决定写下我的故事，它并不华丽，但却是我念念不忘的岁月。

2009—2013——头脑发热折腾期

恍惚间记忆回到 7 年前的夏天，2009 年，我高考失利，9 月和爸爸妈妈来到一所普通院校的二级学院报到。当汽车驶进破败的校园时，心中未愈合的伤口又疼痛起来。虽然佯装坚强送走了爸爸妈妈，但还是在军训期间忍不住掉下了眼泪。开学典礼上，望着主席台后随风摇曳的树叶，我暗下考研的决心。考研对我来说不仅仅是学历的提升，更是对高尚生活的追寻，它包含着人类最朴素的向上愿景。

从开学第一天起，我便以"拼命三娘"的姿态生活，立志以不容置疑的成绩洗刷前耻。为此我上课永远坐第一排，参加好几个社团，各项评比力争上游。此外我大一就报名了国际注册会计师考试，希望以牛气的证书来证明自己。逐渐地，几手都要抓、几手都要硬的连轴转生活压得我力不从心，但仍然觉得只有这样心里的愧疚才能减轻一点点。在我的努力下，大一以各项奖学金大满贯而风光收尾。

然而，问题总是在看不见的地方悄悄滋长。

准备国际注册会计师考试占据了我越来越多的时间，导致我的课内学业质量缓慢下降，其中不乏许多考研基础课，而我却因为不甘心及面子心理仍然死扛。问题终于在大三转专业时爆发——我理所应当要转到会计专业。但一想到以后每日都要与账目相伴，而我对会计一点都不感兴趣就产生了巨大的窒息感。那时我才明白，风光是给别人看的，但生活是自己过的，人的价值如果需要外在事物来体现终将走向贫乏。

同时我心中升腾起一种模糊但强烈的感觉：我只有在自己喜爱的领域做到极致，才会快乐。我开始思考，我钟爱的领域是什么呢？沮丧的情绪再次痛苦地袭来。由于急功近利，我几乎没有对自己的喜好进行过探索。那是第一次，我对未来感到巨大的无助。凭着对自己最基本的了解，我选择了人力资源管理专业。

时间转眼滑入大三下学期，该准备考研了。蓦然回首我才发现，过去的两年半并没有把握好：虽然拿了奖学金，但都是二等；六级考了三次还没过；注会也已经挂了三门；对社团的部门干事也疏于培养。领域虽然打开了许多但一个都没做好，大学伊始就心心念念的考研却在多条战线的辗转中被埋没了。人生不仅有加法还有减法，能把一件事做好已经不易。所以我停止了无关活动，专心备考。但由于前两年基风光是给别人看的，但生活是自己过的，人的价值如果需要外在事物来体现终将走向贫乏。

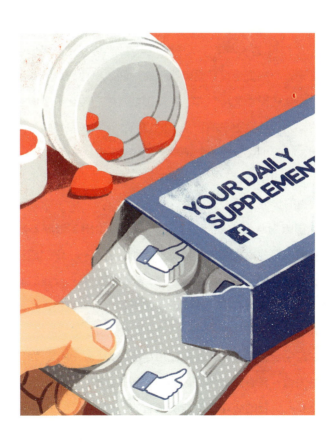

础知识学得不扎实，复习过程困难重重，心态浮躁，想法多变。暑假过后大局已定，虽然每天还是早出晚归地学习，但我内心已放弃。最后的结果可想而知。

但这次失败并没有给我特别大的打击，我把原因简单归结为起步太晚和方法不对，并想当然地认为只要再考一次一定能考上。

2013 年的下半年，我开始了全职二战考研。一经毕业投入复习，心态就变得异常紧张，同学们或事业有成或家庭美满，而我还得靠父母供养，前途渺茫。压力转化成了破釜沉舟的动力，我过上了前所未有的艰苦生活：长发剪短，刘海撩起，收起少女心做一个只知学习的苦行僧。每天六点半起，晚上十二点半睡，一个人走路吃饭也不忘学习，陷入不学习就自责的状态。

正因为从没有如此拼命过，心中竟生出了源源不断的自豪感，但却再次错失了考研最重要的东西——学习质量本身！题目错了一堆也没引起重视，还自我安慰：反正时间花到位了，我这么勤奋，我考不上谁考得上？！最终，虽然轰轰烈烈地走完了二战考研，但结果依然惨淡。成绩揭晓那天，我在家中哭得泣不成声。我已用尽所有力量去拼了，为什么还是失败？我看过太多蛰伏之后胜利的故事，为什么这次不能是我？！我的心理遭到前所未有的重创，对自己的智商产生了严重怀疑，性格也变得越发寡言自卑了。

2014——人忙心闲沉淀期

就这样，2014 年以阴霾开场了，但这一年我的思想却发生了很大的转变。我无意间买了《女人明白要趁早》这本书，里面作者的一些观点给了我醍醐灌顶般的启发。

原来看颜值并不是一件肤浅的事，它应当是积极人生的一部分；从前我坚信一切皆有可能，但不考虑可行性，一味夸大主观能动性只会成为鸡汤屌丝；以前我爱用一切都为时不晚自我安慰，殊不知任何事都有它的截止时间。如果我早明白这些，也不会放任首次考研的状况恶化到无法挽回。最重要的是，我收获了以终为始的观念，当下即是未来。这一认识对拖延症的扼杀立竿见影。

就这样，我带着二战失败的心伤无奈走入了职场，但新想法却悄悄改变着我的的行为。工作上我开始转变以埋首蛮干换取他人认可的思维，拿到任务先思考方法和效率。工作之余，我学习了项目管理和 Excel 技能，理论和技能双管齐下帮助我高效完成工作，省出时间吃喝玩乐。

我仍没有放弃考研，利用业余时间继续学习，但是面对看了五六遍的课本我感到味同嚼蜡。而且逐渐展开的工作也让我觉得自己并不喜欢管理，一想到要长期与不爱的东西相伴就觉得与内心背离。终于，在一个稀松平常的晚上，我的忍耐终于到了极限，于是啪地合上了书。一股强烈的直觉告诉我，我该停下来想一想了。

我问自己为什么想上研究生，因为那代表着深刻和向上。那为什么不考管理学的研究生呢？因为不怎么喜欢这个专业。那你喜欢什么专业呢？不知道。

还是老问题！转专业时就暴露出的问题没有解决，现在又再度浮现。在没有想明白自己想要什么之前，做什么都白搭。不管考证考研，都是工具与手段，找到生命的内核才是终点，亦是幸福的源头。

从第二天开始，我放下考研，开始通过自由阅读来找寻自己。这个方法是大一听讲座时学到的，主讲人说："人若想找到自己人生的方向，方法就是看书。当你走过一排排书架，当你发现自己不能控制地爱上某类书籍，你就找到你的方向了。"虽然我一早就知道，但当时被渴望雪耻的念头钳制，只顾刷绩点考证忽视了阅读。轻松阅读的日子让我的心态渐归平静，新结识的同事也给我的生活带来了很多欢声笑语，平日工作健身周末消遣娱乐的生活让我觉得也挺好的。下班的路上，望着美丽的晚霞，思绪经常会飘到从前：我真的考过两次研吗？那些清晨即起伴着星星回出租屋的生活，我真的过过吗？

我以为，我可以安于岁月静好的生活，但公司新进驻的一批批优秀的员工，在任何地方都能看到的闪闪发光的人们，让我不甘平凡的内心又躁动起来：我向往他们眉飞色舞谈论自己学校时的幸福，我羡慕他们的专业他们的格调，我渴望他们的经历他们的自信。那样的状态，真好。

同时，对自我的探索也逐渐显出眉目。本科的专业课曾让我对心理学产生了兴趣，但当时已经开始备战管理学考研就没有多想。而我发现自己自由阅读的许多书籍都是心理学类的。在工作实践中，我对于人们行为背后的含义及规律亦十分感兴趣。所有信息都将我引向心理学！那曾在转专业时出现的强烈直觉感再度出现，它说：如果你不学心理学，你这辈子会后悔哦！这个声音，在我做表格的时候出现，在我起身倒水的瞬间出现，在我去办公室汇报的路上出现。当它出现得越来越频繁，我知道自己不能再忽视它。

但同时我也犹豫，这已经是我第三次改变方向了，从会计，到人力资源管理，到心理学。如果考研又失败了怎么办？如果我再度厌倦了怎么办？但是一想到如果就此错过，一股如错失真爱的撕心裂肺感就会席卷而来。我明白，我可以接受尝试了之后失败，但我不能接受还未尝试就退缩！

一切梳理清楚，该出山了。我于 2015 年 2 月辞了职，开始了第三次考研。

2015——斗志再燃起航期

这一次，我做了充足的准备。

为了更好地走进心理学的门槛，2015 年春天，我来到目标院校旁听。第一次同一群嫩得可以掐出水的大一学生坐在一起，当那种久违的流畅吸收知识的感觉又回来的时候，我感动得直想哭！路漫漫其修远兮，感恩自己孜孜不倦的追求以及从未放弃聆听内心的声音。

三战生涯就从旁听中开始了。课堂上老师们行云流水的讲课让我心醉，虽然每次进教室都好忐忑，但每一次满满的收获都让我止不住再一次步入。校园环境也一次又一次涤荡着我的心灵。记得一次在路上遇到几个穿着衬衫和高腰裙貌似音乐系的长发女生，她们拿着琴谱在唱歌，擦肩而过的瞬间，我怦然心动。还有一次在河边看到一群美术系的女生穿着白大褂在画油画，她们纯白的身影、缤纷的画板与美丽的河畔景致交相辉映，那种感觉就像到了天堂。

这一次有了考研"考对了"的感觉。首先，我没有将考研的事通报朋友圈，就如减肥一般，坐在他人面前的是一具躯壳，而躯壳之下是一枚默默蜕变的灵魂。每天一个人的日子虽然简单清苦，但自己也逐渐爱上了这种悲喜不与他人分享只有自己知晓的感觉。通过目标拆解规划学习，定时定量心中有数，夜晚复盘思考，白天扼杀控制。同时稳定心态，不盲目与他人比较。虽然身边同学的生活异彩纷呈，而我依然缥缈，但只要一想到"人的际遇每年每月都在变化，大结局没来之前，不要灰心"，就又安心投入眼下的复习了。

暑假开始，我回家复习。虽然没有了校园环境的时时熏陶，但只要一想到美丽的校园和睿智聪颖的师生，就没有起不了的床和熬不过的夜。这一次考研也有一种告别的感觉，我跟自己说，不论成败，最后一次。最终的考试日期亦不像以前那般紧迫可怖，反倒像一个天堂入口，等待修行者徐徐进入。复习过程中，我似乎明白了心态与实力的关系，良好的心态以实力为基础，当每天的计划都打钩完成，怎么会没有自信呢？最重要的是，我感受到了什么叫真爱不会厌倦，每天学习自己喜爱的专业很开心，经常活在高峰体验中。心态偶有波动就及时调整，就这样以总体稳定的状态走到了最后。

虽然查分的瞬间依然异常紧张，但功夫不负有心人，我最终以第三名的成绩考入了梦寐以求的学府！录取后走在校园，望着湛蓝的天空，我都不敢相信这一切是真的。7 年来的呼唤终于有了回响!

　　所有答案都在你自己身上，你只需要成为你自己，一切都会流向你。

作者简介：

安安，90后天秤座少女，重度颜控，心理学研究生在读。喜欢欣欣向荣与枝繁叶茂的生活。爱读书，看电影，喜欢写作和一切美的人事物。立志从事心理学与美学结合的工作。

迟到八年的录取通知书

▶ 文 / 小路屁孩

也许真正的成年和独立，

就是从可以为自己买单的那一刻开始的。

1

此刻我的右手臂有三处瘀青，小腿酸痛得几乎无法动弹，这是湖南大学 2016 级 MBA 新生拓展训练给我留下的印记，而这些印记现在都写满了故事。

十二年前的那个夏天，长我一岁的哥哥复读一年后和我同时高中毕业，踏入大学校园。虽然我们兄妹俩能同时考上大学是父母最大的欣慰，但是他们脸上的愁云却像墨一样浓得化不开，因为以他们的能力，最多只能供一个大学生读书。他们不想委屈我们其中任何一个，而我们俩谁也不想轻易放弃来之不易的求学机会。当时看来，父母好像只能通过找亲朋好友借钱来解决问题。但父亲一直是保守派，从来不主张借钱办事，宁愿省之又省。我不想让父亲背负如此沉重的债务。一次我无意间听到新闻中提到"助学贷款"几个字，仿佛在黑夜中看到了一束光。后经多方打听，在我们镇上找到了一位学长，我向他详细询问了学校有关助学贷款的政策。由于我们学校是 985、211 重点学校，学生就业率很好，信誉度较高，所以助学贷款政策宽松，很容易通过审批。相比之下，我哥哥就读的那所学校助学贷款比较难申请。为了使我们兄妹俩能同时完成学业，我决定申请助学贷款。

所谓的标签都是自己不知不觉贴上的，与他人无关。

开学时，与一般新生不同，我几乎没有兴奋和期待，只剩下惶恐和不安，因为我将要带着特困生的标签申请助学贷款。办理入学手续时，学校为了提高办事效率，为申请助学贷款的新生开辟了绿色通道。偌大的体育馆场地里，我看了看几路排队的人群，低着头默默地走向了绿色通道那一路。人们通常喜欢享受特权，走绿色通道，但那一刻，"绿色通道"这几个字在我看来显得特别刺眼，我只希望时间能过得快一点，再快一点。

初到寝室时，靠近门口的两个铺位的同学正在火热地聊着，我没怎么敢看她们，还是她们主动跟我打的招呼。住我对床的同学行李已经收拾好，跟家人出去吃饭了。看着她桌上那一排高高低低叫不出名字的护肤品，我感觉到了巨大的差距，因为在那之前我连洗面奶都没用过。好在我的室友、同学并没有因为我是特困生而对我另眼相看。住对床的美女琛成了我护肤路上的启蒙人，陪着我一起"战痘"。住我隔壁床的美女范家境也不是特别好，但她大大咧咧，一直坚持做自己，给了我最多的勇气。住我斜对床的美女申是我们四个中最独立、最精干的，是个典型的狮子座，跟她在一起，我不自觉地变得乐观、自信。大学四年，我收获了很多美好的友谊，也让内向、自卑的我一步步打开自己的内心，开始接纳他人、接纳整个世界。这是母校给予我的最宝贵的财富，也让我明白那些所谓的标签都是自己不知不觉贴上的，与他人无关。就读期间，我通过奖学金和勤工俭学的方式，获得了一万多元的额外收入，这是我生活费的来源。因此，大学四年，我很少向家里伸手要钱——这也是让我比较得意的一件事情。也许真正的成年和独立，就是从可以为自己买单的那一刻开始的。

2

时光回到八年前，我本科毕业，因为经济原因，放弃了保研。我拖着一个破旧的行李箱，揣着仅剩的500元奖学金，背负着24000元的助学贷款债务，一个人踏上了去往深圳的列车。哥哥一直把我送到站台，火车开动的那一刻，看着他的身影一点点远去，泪水再也止不住，任性地让自己哭出声来。周围似乎投来了异样的眼光，我无心理会，那一刻我只有对身后家人的眷恋和不舍，以及对前方道路的恐惧和担忧。那是我第一次明白，原来自己还不够坚强。

没有熬到第一个月发工资，兜里的钱已经花光了。好强的我不想向家里伸手要，于是找同事借了200元，撑到了发工资的那一天。我拿到工资第一件事，不是为自己买件衣服、买双鞋或者吃顿好的庆祝一下，而是跑到ATM机向我的还贷卡里面存入 1100 余元，以后的每一次发工资都雷打不动。不到一年半，2009 年的国庆，我提前还完了所有助学贷款，本金加利息共计 26000 余元。那一天，我感到无比轻松。

还完贷款，我第一时间提出了辞职。因为那份工作加班时间长、工资低、工作内容枯燥，而且和我最最要好的一个学姐已于那一年的 8 月份离职，除了想要还清贷款，我没有任何熬下去的理由。我是个很恋家的人，那时正好哥哥和他的女朋友都在宁波工作，工作稳定且发展前景不错，以后在浙江定居的可能性很大。而我孑身一人，来去自由，我想我们兄妹俩必须有一人回家乡发展，方便以后照顾父母。于是 2009 年年底，作为逃离北上广深的一员，我逃回了长沙。当时父母很不理解，为什么放着深圳高薪稳定的工作不干，跑到没什么发展的长沙来。对于我要照顾他们之类的理由更是不解，只说不需要我照顾，只要我的事业发展得好就行。直到后来我结婚生子、父母年长身体不佳，他们才越来越认同我当年的选择，还经常感慨要是哥哥也在长沙该有多好。

回长沙时，我仍然拖着那个破旧的行李箱，揣着仅剩的 1000 余元。回来之前我托付高中同学帮我在湖南大学附近租了一间房子，把行李放置好后我就回到家准备休息一段时间再找工作。但是在家待了不到一个星期，父亲的冷言冷语让我很不是滋味，好强的我立刻滚回了长沙的出租屋。我满怀信心地认为以我的学历和在深圳工作的经历，不出一个月就可以找到工作，可找了一圈，普遍 2000 元左右的工资让我心灰意冷，直到临近春节，我也没拿到一纸聘书。虽然我好强、爱面子，可春节还是得回家。人在意志消沉的时候总是能吸引更多的霉运，就在我回家途中，我将随身背的包包落在了长途汽车上，里面装着我所有的家当——仅剩的 1000 余元和新买的手机、相机。我就这样身无分文地滚回了家，那天夜里，我躲在被子里号啕大哭，彻夜难眠。

刚过完年，不愿啃老的我又回到长沙的出租屋，再次加入了求职大军。2010 年 4 月，终于找到了一家各方面还算不错的公司，最打动我的就是包吃包住，而且食宿条件相当不错；这对于在简陋的出租屋里啃了几个月馒头的我来说吸引力是致命的。入职的第一天，我就暗暗对自己说：好吧，一切又从头开始！

不曾想这一干就是六年，直到今天。我最美好的青春年华就在这家公司度过，恋爱、结婚、生子，我先生和我是同一个部门的同事，是大家眼中的模范夫妻。我自己也从一个小助理跻身到管理层，多维度参与到公司的管理事务中。而去年回母校进行校园招聘时，跟好友秀见面，得知她在准备考在职 MBA，我内心的小鹿开始怦怦跳，读研的念头又窜出来了。出差回来后我详细了解了湖南大学在职 MBA 的招生简章和学费，立刻决定报考，一方面希望对管理知识进行系统的学习，更重要的是拿回当年那份不得已而放弃的研究生录取通知书。相比于脱产研究生，这种方式更适合我，不用中断事业，收入有保障，而且 MBA 专业对于我目前的管理工作和以后的职业发展更有利。当我把这个消息告诉家人时，父母都给予了极大的支持和鼓励。母亲抹着泪跟我说，他们一直在为当年让我放弃保研那件事而感到内疚，觉得对不起我。听了母亲的话，我更加坚定了自己的选择。这已经不只是我个人的梦想，更是全家人的梦想，我一定要努力实现。

为了帮我争取复习时间，母亲将我一岁多的儿子接回老家，我每天晚上雷打不动地复习、做题，老公则雷打不动地进行着创业项目的研发。倦了累了我们互相安慰鼓励一下，想儿子了就看看他的照片、视频，然后各自埋头继续。经过三个多月的紧张复习，在报考的 1000 多人里，我的初试成绩排在第六名；经过复试，最终以总成绩第十名被湖南大学工商管理学院录取。

2016 年 7 月 1 日，学校开学报到，我拿到了渴望已久的录取通知书。而这一刻，本应该在八年前发生，是命运将它推迟了八年。我仍然自己为自己的学费买单，但这一次我已经褪去了特困生的标签。7 月 4 日，在筹备了大半年后，我爱人的公司正式挂牌运营。晚上宴席散去，灯火阑珊中他紧紧搂着我说终于等到了这一天，而我仿佛又看到了在深冬的夜里两个为各自梦想努力奋斗的身影。

再过几天，我将迎来自己的 30 岁。那个内向、敏感的我已经发生了蜕变；以前的那些窘迫和不想为外人道的过往，现在也都可以笑着说出来。而我的黄金时代才刚刚开始。

作者简介：

小路屁孩，一个 80 后宝妈，喜欢平和以及自由自在。非典型性工科女，混迹于工科界十余载，却有着一颗文艺的心。喜爱一切美好的事物，更希望可以通过文字来传达这一切。

只有时间知道

➤ 文 / 李点点儿

我不知道，

一辈子想做好一件事到底需要多久，

这也许只有时间知道吧。

1

2015 年 7 月 1 日，记得那天很热。

和往常一样，饭后躺在沙发上吹着空调漫不经心地划着手机。其中一条微博让我停下来多看了两眼。大意是：选一件事并坚持 21 天，完成后可以得到一本效率手册。这立刻引起了我的好奇心，心想，不如挑战一下，试试看自己能不能坚持 21 天。

我把事情原委告诉了"饼爸"（我的男友）。"帮我想想做什么好。""都行，听你说感觉挺简单的。"他在电话那头平静地回答。什么，简单？我悻悻地挂掉电话，心中那个叫作不服的细胞悄然扩散。

想了想，不如选我擅长的动画吧。

可是，已经 7 年没动笔了。

我自幼学画，本科是动画专业。至今还清楚地记得毕业那天导师与我谈话，"想过将来做什么吗？"我张口就答："想当艺术家，像艺术家那样做动画。"毕业后，我去过北京草场地的韩国画廊，开过画室也教过画画。可渐渐发现生活离我越来越近，梦想却越来越远，人总是要生存的。

动画这行，累，挣得又少。后来我阴差阳错地做了一家事业单位的信息运维员，一切从零开始，钻桌子底下给人修电脑，机房里接网线成了我的日常工作。我常自嘲，一个文科生把理科生能做的都做了。我告诉饼爸，我决定了，我要做我喜欢的动画。

2

7月3日那天，我在电脑里安装了软件，把封尘已久的数位板也翻了出来。连上电脑发现指示灯还会亮，哈哈还好，能用。但当我重新拿起笔时发现它的重量比我记忆中沉了不少。我要把做好的动画生成 gif 格式，就像公众号里的小动图那样，每天画一张，并起名叫"GIF A DAY"。第一天并没有想的那么顺利，软件太久没用，工具总找不到在哪儿，问题频出。画完已经到了晚上，赶紧发到微博打卡。"快快，给我点赞！今天马上就要过去了。"我兴奋地提醒饼爸。他看了看我画的第一张《小鸟飞行图》说："嗯，还不错。"我翻了他一个大白眼，说："你得像台湾综艺那样说：'哇，超赞的！'""得嘞，等你坚持完再说吧。"我欢喜地走开，这样过了一周，感觉很轻松，每天画画用的时间也开始缩短，从一开始的5个小时到后来的2-3小时。现在想来，最初的几天最容易，因为人一开始会有新鲜感。

两周过去，生活开始发生一些细微的变化。我有一张从古董店收来的上百年的中式木桌，之前用来插花或是陈列些摆设，现在清理干净，成了我做动画的工作台。家中书架上的书这几年来一直是摆设，现在却因做动画需翻阅专业资料，看完的书会随手放在工作台旁的油画车上，常常会堆满整个小车。以前白天上班，晚上到家上网、逗猫。现在晚上成了固定的画画时间。这一切变化都在悄然发生，你会发现一天必须要完成一张画，完成一张画也就意味着过去了一天。

3

在坚持的道路上，总免不了一些插曲。记得画到第 17 天时，那天正好下雨，到家已是晚上 10 点，两个小时完成一张画按照之前的经验时间会非常紧张，即使画完超过了 12 点，自己的承诺也无法兑现了啊，无形的压力让我瞬间有了想放弃的念头。再次呼叫饼爸。"什么情况？""啊，今天回来晚了，来不及了。不想画了，好累。""好，那不说了你赶紧画"，说完他就把电话挂了，电话这端的我听着听筒中的嘟嘟声，顿时感到特别无助，一阵鼻酸，委屈至极。本想找人小小地抱怨一下，甚至开始后悔为什么当初要选费时费力的动画，画漫画也行啊，一张 gif 动画要画几十上百张，我这不是自讨苦吃吗？我一边掉泪，一边回到工作台前打开电脑，心想还是试试能否把今天的画完，时间不够就想办法再快些。终于赶在 12 点前完成，发微博，打卡，长出一口气。刚打完卡饼爸来电："看，可以的吧，赶紧休息吧，我睡了。"他居然使了一招激将法。那天，我睡得特别踏实，总感觉自己挽回了一样很宝贵的东西，也说不清是什么，它比那支笔沉了很多。

21 天很快就到了，那天特意画了烟花来纪念。"怎样，姐们儿是不是很牛？"饼爸答："嗯嗯不错。"我如愿拿到一本绯红色的效率手册。这件事本该到此结束的，可第 22 天　天我都在思考一个问题：要不要继续？又到了晚上的画画时间，我决定自讨苦吃下去，并定了一个新目标——100 天。

我开始在效率手册的"每月计划"里排序，在每个日期旁都会写一组特殊的数字，再把对应的数字抄在"每日计划"里。这个数字就是我坚持画画的天数。

每天的创作，让我开始更注意观察生活中的细节。第 7 天，偶然发现墙上有一个很小的血点儿，正纳闷是什么，正好看见饼子用猫爪把一只蚊子拍死在墙上，就有了这张画。第 36 天画了一个雪人冰箱，朋友微博留言说看完特想来一碗冰镇绿豆汤，我就在第 37 天画了绿豆汤，并在绿豆汤里藏了一枚世上并不存在的 37 元面值的硬币当找零。第 87 天，看到日历上写着今日秋分，就画了小兔子和一棵大树的故事。一叶知秋，也从最初的夏天画到了秋，顺利画完了 100 天。

人生是这么细密，这么琐碎，那支笔的重量轻得可以忽略了。

4

我很喜欢一位中国当代艺术家，宋琨。她有一组作品叫《It's My Life》，是由 365 幅小型油画组成，像写日记那样，每一幅都必须在当天完成；如果当天没有什么想画的，就把画布留白。我想试试看，能不能也坚持一年呢。在第 100 天的时候跟饼爸说了我的想法。但在一开始，这是我连想都不敢想的。

这个阶段我开始尝试用多种形式去做动画。有的直接用电脑软件，有的是画在纸上剪下来进行扫描拼贴，有一张甚至是用意大利面和一部相机完成的。有些四组是一个故事，里面还有玩具的说明书，还把那张《小兔和大树》画成了四季图。自己最喜欢的是改编小时候看过的美术片系列。

2015 年 11 月 16 日那天，收到趁早小主管发来的邀请，希望能在 12 月 13 日的趁早大会为大家做一个简短的分享。趁早大会那天是第 164 天，我画了一个转动的趁早星球。当然，意想不到的还有突发事件。有天我像往常一样下班回家，准备吃完晚饭再去画画。饭刚吃一半，突然停电。怎么办？今天画还没画！也不知道电会停多久，今天晚上还会不会来。家人提醒说："你不是还有笔记本电脑吗？"对，赶紧回房间找笔记本电脑。心想，真是万幸，还好有备用。可开机后我立刻傻眼，剩余电量只有 12%，电池符号已飘红。我马上做出三个决定：一、把占内存的软件都关闭以免消耗更多电量，二、屏幕亮度降到最低，三、呼叫饼爸。屏幕那么暗，上颜色几乎全凭经验，终于赶在用完最后一点电量前完成，赶快发布。不对，停电家里没有 Wi-Fi！"导手机里，用手机发。"饼爸帮我出主意。于是我又赶紧把图片导入到手机。可那天用手机又抽风似的怎么都打不了卡。"来，传我，我帮你发。"有饼爸仗义相助，总算是虚惊一场。

有天早上刚起床，突然感到一阵眩晕，我马上再次躺下，过会儿试着再次坐起来，还晕，又躺下。眼前整个天花板都在转。我马上意识到这是梅尼埃病犯了。我躺在床上，跟公司请了假，翻来覆去调整到一个不会晕的角度睡了半天。中午试着起来，又一阵晕，那感觉就像晕船的人站在海中行驶的轮船甲板上一样。我挣扎着起来，去拿笔记本电脑，躺着画了那天的画。

5

2016 年的 7 月 1 日是第 365 天，我在那天的手册上写下了小小的"完成"二字。原本 21 天就要写的字，却用了一年。看着文件夹里的一张张缩略小图，一个个动着的小点点，一天天的"GIF A DAY",原来人生是这么细密,这么琐碎,那支笔的重量轻得可以忽略了。

　　朋友建议我把"GIF A DAY"用起来——卖给谁或随便印在哪儿都好看,不然就浪费了。但只有我知道,除了收获了 365 张画,我看到其中任意一张都能立刻回忆起当天的影像;也只有我知道,7 年前的初心永远都不会变。可我不知道的是,想做好一件自己喜欢的事儿到底需要多久,这也许只有时间知道吧。

作者简介:

李点点儿,自幼学画。世界动画协会(ASIFA)会员,独立动画人。爱猫,爱美物。冻龄点较低,平日略显高冷,有好吃的蛋糕和好看的实验动画会原形毕露。

生存与进化，
本就是靠自己的事

文 / 陈军

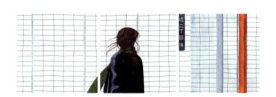

伸手党从来都在问，

从来不思考，

从来不总结，

从来不去做。

几年前，我还是一个小本科生的时候，"非常好学"，每次考试之前都会找到某个学霸，撒娇加卖萌，拜托学霸帮我把这门功课全部讲一遍。学霸说："你哪里不懂？"我可怜兮兮地说："都不懂。"然后学霸就会冷冷地说："那你自己看书吧，书上都有，认真看了就会懂。"然后学霸就会发现很长一段时间都好像少一个朋友联系。

没错，学霸的世界就是这么直白。还有一次，作为一个路痴，要去某个陌生地方，于是问学霸同学。学霸同学想都没想，直接说："那地方我没去过，你自己百度吧。"

有那么几年，真是会觉得自己怎么就认识这么一个不近人情的朋友。

直到几年后自己也遇到了几次这种事情，才明白学霸的感受。

有一次组织一个活动，地点是一个我自己也没去过的地方。一个女生问我地点在哪里，我百度后告诉她公交站站名和经过的公交车，然后她又问我坐地铁后再如何坐公交车，于是我又百度后把转乘公交车发给了她。我以为事情应该可以搞定了，结果这个女生又问了一个让我崩溃的问题："从地铁站坐车到目的地要多长时间？"顿时我就欲哭无泪。作为一个路痴，我本身就方向感不好，并且是自己从来没有去过的地方，所以所有的东西都是我百度的。而百度，是她完全可以自己做的事情。

　　还有一次，老妈让我教她发邮件，我本来打算写一个教程发给她，结果网上随手一搜就发现有讲得很详细的教程，于是发链接给她看。然而，她却告诉我看不懂。我只能给她讲怎么操作，但是电话里讲的哪有教程讲得清楚呢？好在我妈属于智商较高的生物，后来她自己想清楚了没明白的地方。可是这个她一直不明白的地方，教程里面明明写得很清楚，如果仔细看教程会节省一些不必要的思考时间。老妈确实是看了教程，但是最多就瞟了前面几个步骤，还没往下看，还没跟着教程实践，还没思考，就得出"看不懂"的结论。

　　大概在一年之前，我在网上看到一个英语学习的高手公开了自己的学习方法，并且将这个已成体系的方法洋洋洒洒写了几万字的教程，一步一步都讲得非常清晰，还把相关资料传到了百度云。但是这个高手每天还是会收到无数封私信重复地问他，怎么学英语，能不能邮一些资料。英语高手对这些伸手党很是无语，一是嫌这些伸手党烦，二是被这些伸手党的阅读理解能力蠢哭，三是对伸手党问问题都问不清楚而无语。

　　其实生活中，我们每个人都会经历或者做出伸手党的行为。想想自己有没有做过下面的事情。

　　一、生活中的小事情。从来直接找人帮忙，而不是自己搜索文档。比如，去一个地方的路线，安装一个软件、一个路由器等。

想生存得更好，想进化得更好，千万别等着别
人把鲜肉送到嘴边，否则你永远不会自己捕食。

二、知识技能的学习。总是想着找老师找同学讲，从来没想过找到一个属于自己的学习方法，自己学习，自己研究。

三、人生困惑的解答。问了别人无数次自己该怎么选，该怎么走，该怎么办，但次次问了就问了，后文就不知道在哪里了。于是解答问题的人辛辛苦苦解答疑问，问的人瞟一眼这件事就过去了。此过程循环往复。

伸手党从来都在问，从来不思考，从来不总结，从来不去做。而其根本原因不过是：一懒，二蠢，三不思考。一个字概括就是：懒！

读研生活常常让我想到电影《狮子王》。每个人的成长过程中，只有很年幼的时候，才会有人把大块鲜肉给你。等你成年之后，有个人能教你各种捕捉猎物的技巧已经是很幸运了。大多数时候，你只能一边偷看高手如何捕食，一边摸爬滚打摸索捕食的本领。想生存得更好，想进化得更好，千万别等着别人把鲜肉送到嘴边，否则你永远不会自己捕食。

你要做的就是，把自己想象成成年的狮子，所有事情必须自己搞定。你要自己有一套解决问题的思路，你要摸索出一套自己的方法去学习而不是指望老师手把手教你，你要把自己想象成人生导师思考人生，指点自己人生中的迷惑。

此时，我奇葩的三观又来捣乱了。另一个我问道：人的时间精力那么有限，什么都靠自己那多浪费精力啊，那还要老师干什么呀？

思考了很久，我只想到了这么一个答案：大概就是用鲜肉把你喂到成年，让你有肌肉有力量奔跑和撕咬。然后在你反被猎物围攻的时候，救你一命。所以，除非自己搞不定，不然就别去烦其他人。你问的问题就代表你的水平，你也不想被老师认为又懒又蠢吧？

后来再找学霸同学问问题，发现每次自己做好功课，知道自己需要什么帮助的时候，学霸同学总是很乐意帮助。原来，并不是有的人不近人情，而是一心做伸手党的人并没有让人产生想帮助的念头。

生存与进化，本就是靠自己的事情，谁也无法代替完成。倘若真有人帮你搞定了一切，获取进化经验值的人也只是他而不是你。在自己的能力还不足以解决问题时，我们要做的就是寻求工具帮助。但了解这个工具是什么、如何获得，以及如何使用，还是你自己的事情。仔细想想学霸同学，总是自己找资料、买书籍、看文献，大概是早就明白了这么简单的道理吧。

作者简介：

陈军，一个初入职场的女开发，就职于信息安全行业。2014年加入"趁早"。相信不偷懒就是最偷懒的办法，以及即刻兑现的价值都不太高。微博：君子月满楼

所有的伤，
都只为成为更亮的光

> 文 / 李尚龙

无数个晚上，空空的教室，只有我和孤独的回音。

可能唯有耐得住寂寞，才看得见未来。

1

一年前，我为了宣传新书全国各地跑，北京趁早读书会的负责人找到我，让我帮他们做一场讲座。我欣然接受。临上台前候场时，他们告诉我，今天现场全是女生，没有男性。

我惊讶地说，你怎么不早说？

她说，您这样久经沙场的人，什么场合没见过，您大胆地讲吧，看到女生还紧张呀？

她说对了一半，我讲了这么多年的课，确实是久经沙场。但她说错了另一半，我真的很紧张，因为那还真是第一次演讲，台下的观众，都是女生。

我本科读的是军校，学校没女生，战友们经常开玩笑，说我们学校食堂大妈是校花。我大学四年见到的所有女生，就是那些长残了的大妈；偶尔学校有女生路过，我都情不自禁地盯着看，看着看着，意识到自己失态，赶紧把头低下来，接下来可能就被姑娘暗骂流氓。这让我大学毕业后，养成了一个很不好的习惯，并且伴随我很长时间，看见女生不知道说什么；尤其是女生多了，更是十分怯场。

有一段时间，我在演讲前，总是摘掉隐形眼镜，面对看不清的观众，才能更自信一些。

我在后台继续踱步，一会儿看看表，一会儿看看演讲稿，还找来助理一遍又一遍地检查 PPT。趁早的负责人看出了我的紧张，给我端来一杯热水，说：龙哥，别紧张，别紧张。

我从她的眼睛中看到了一丝质疑，好像在说：这和传说中能说会道的李尚龙不一样啊，怎么上台前这么紧张。我也只能强作镇定，盯着讲稿。

2

我今年 26 岁，20 岁登上央视的英语演讲比赛舞台，22 岁当老师，至今，演讲的生活，已经六年。这些年，我出门演讲、上课的场次不计其数，可是，没有一次，在开讲前不紧张。虽然有时内容很像，但谁也不知道，接下来的一个多小时里，会发生什么。

PPT 会不会忽然翻不动，麦克风会不会没电，第一排同学会不会夺门而出，台下观众会不会忽然质疑……

答案是，会，这些事情，我全部经历过。

我见过很多演讲者在台上傻站着，无法辩驳，无能为力，最后尴尬地结束了演讲。可我每次都能化险为夷，继续自己的演讲，继续自己的课堂。

朋友说我反应快，说你是不是天才啊。

我不是天才，只是每次演讲，如果第二天场地、人员都不熟悉时，我一定会做一件事，就是预言未来。

现场有那么多没法决定的事情，那么唯一能决定的，就是你对演讲的熟练。

每次演讲，我都会在开讲前写完大纲，必要时写下逐字演讲稿，然后一遍遍地对着墙，对着录音笔，一直读，一直讲，直到我满意，直到我能非常熟悉，直到我确信，现场无论发生什么，我都能顺利完成。

这种刻意练习很苦，但直到今天，任何一门新的课，一次新的演讲，我依旧会这么做。我不敢说自己做得足够好，但我想，至少，这样的训练，是自己满意的态度。

后来我明白，所有的高手，都经历过刻意的练习，都逼迫自己从舒适区出来，走进学习区，然后让自己的能力，越来越强。

他们不是天才，只是足够努力，足够癫狂，所以，才能足够卓越。

3

"我是一个很内向的人，这一点大家都能看出来。"这是我演讲时经常用来打趣的玩笑话。台下笑得一塌糊涂，因为大家觉得再怎么看我也称不上"内向"二字。

可是，这句话是真的。

2009 年，我代表学校参加"CCTV 杯"英语演讲比赛，我的演讲稿写得很好，英语口音也数一数二，可是，当站在台上时，我竟然不争气地忘词了。

三分钟的演讲，我忘了足足四十五秒。辅导老师在台下一直提醒着我，可是她越提醒，我越紧张，越听不见下面在说什么，直到我彻底满头雾水。我就这么呆呆站着，当时只觉得舞台上灯光刺眼，台下黑压压的都是观众，却看不清面孔。我不说话就显得整个演播厅安静得异常，我就像一个傻子，或者笑话，在全场质疑的目光中挨过了人生中最漫长的三分钟。

辅导老师责备我说，演讲稿不是已经过了十多遍了吗，怎么还这么紧张啊？我摇摇头，眼泪夺目而出。她不知道的是，我是真的紧张，而且，我真的不适合做演讲。

可是，真的就放弃吗？

既然十遍不行，我就五十遍，我就一百遍。

2010 年，我再次参加了"CCTV 杯"希望英语演讲比赛，中央电视台演播厅的灯光依然很亮，刺眼的亮。那一次，我获得了北京市第一名，全国的季军。那是军校赛场上唯一一个进了北京市冠军，全国前三的人；那是军校历史上，从未有过的成绩。

大多数人的努力程度远没有到能拼搏天赋高低的地步。

后来，有人问我，你又不是英语专业的，为什么能讲出这么好听的英文？你是经常做演讲吗？为什么不紧张？你是真的天生就有很强的语言天赋吗？

没有，都没有。

只是那一系列的比赛中，每次上台前，我都对着墙，讲够一百遍，直到我足够熟悉；直到我确信，无论发生什么，我都不会紧张为止。

无数个晚上，空空的教室，只有我和孤独的回音。可能唯有耐得住寂寞，才看得见未来。

几年后，我认识了当年"CCTV 杯"英语演讲比赛的冠军夏鹏，他说：一场演讲，他会对着墙说两千遍。我听得瞠目结舌，半信半疑。他接着说：我每次跟别人说我把演讲讲了两千遍的时候，他们都以为我在吹牛或者灌鸡汤。

我说，我也听过很多人跟我说过同样的话。只不过，是不是鸡汤，你只有做完才能有发言权。

4

后来，我当了英语老师。我以为上课和演讲是一回事，哪想这完全是不同的领域。第一节课我讲了一个小时后，往台下一看，发现一百多人的班睡倒了一半，还有一半人瞪着我，脸上仿佛写着四个大字：还我学费。

我开始明白，每个台上发光的人，都在台下钻进过炼丹炉。就这样，我把每次课都对着墙讲一百遍。一次一个学生来找我，跟我说：老师，我原来不相信你把一节课讲了一百遍，后来相信了。

我说：是什么让你相信了？

他笑着说：因为我上过你两次课，发现你连段子讲得都一字不差，连停顿的地方都一样。

我笑笑，他也笑笑，然后不好意思地问：背后的准备挺苦吧？

我说：还好……还好。

再后来，我又自己创业，写了书，有了更多演讲的机会，经历了大大小小的公众场合无数。

但每次演讲前，我依旧会紧张。可是我坚信：所有的紧张和不确定，都会随着自己对演讲内容的足够自信，烟消云散。

这世上，并没有毫无理由的横空出世，更没有天生丽质和天生神力；所有天生丽质的背后都是精心护养，所有天生神力的背后都是汗流浃背。

我们总喜欢把别人的成功归因于天赋，那大概是因为人性深处的自我安慰。却并不知道，大多数人的努力程度远没有到能拼搏天赋高低的地步。

最可怕的，就是你觉得自己努力；但比你牛的人，比你更努力。

我忽然明白，这世上的所有幸福，都来自于突破舒适区后孜孜不倦的坚持，和进入学习期后义无反顾的拼搏。

5

那天从北京趁早读书会的后台步入前厅，我继续调整着，不停地深呼吸。主持人话音甫落，我快步上台，打开麦克风，环视全场，点头微微示意说"大家下午好"，演讲一气呵成。

结束时天已经晚了，走在回家的路上，我接到了我爸爸的短信：今天辛苦了，昨天刚熬了夜，记得早点睡。

我回了短短的两个字：好的。

其实，我没装，没有人会在上台前真装。因为上台前，我真的很紧张，紧张得无法呼吸，脑子一直在想，上台后看哪里，大家会问我什么问题，怎么讲才能让她们有反应，什么时候该停顿，什么时候该让大家微笑。

可是当站在台上的刹那，所有的紧张忽然烟消云散。

我把上一句话告诉了一位朋友。她说，运气真好。

我笑了笑，可她们不知道的是，从昨天到今天的将近

48 个小时里，我把刚才在台上的演讲，对着墙，讲了足足一百遍。

参加完那场活动，我一个人回家，回家的路上，已经是夜晚。月光照在我身上，我看到一个背着包的少年，他孤独地往前走，头也不回地走。

我忽然明白：所有的伤，都不过是为了让你成为更好的自己。

在你变成光前，没有人在乎你之前受过的伤。

只有你成为光，才会有人在乎那些你曾一无所有时失望后的希望。

愿我们都是那道能照亮自己和温暖别人的光。

作者简介：

李尚龙，2008 年，以优异的成绩考上重点军校。2010 年，荣获"CCTV 杯"全国英语演讲大赛季军；同年荣获全军二等功。2011 年，纵使万般阻碍也毅然退学，后加入新东方。2015 年，出版畅销书《你只是看起来很努力》。2016 年，出版畅销书《你所谓的稳定，不过是浪费生命》。

Part Five

×

**LET'S MEET
AT THE PEAK**

×

用最爱的方式疯魔地活
活到淋漓

如果你的心中有一团火，
你应该让它燃烧得更旺。

梦想并不是遥不可及

文／陈玲

实现梦想的前提是敢想也要敢做，

光喊着口号不行动，

梦想是永远不会实现的！

全职太太的生活

2005 年，我大学毕业，和许多怀揣梦想的毕业生一样，站在学校的台阶上，当我意气风发地把学士帽扔向蓝天的那一刻，我以为，我所有美好的憧憬与梦想都即将实现！

毕业以后我成立了自己的广告公司，然而追逐梦想的道路才刚刚开始，我却终究没能免俗地完成了作为女人必须完成的使命——结婚生子。24 岁那年女儿的出生改变了我整个的人生轨迹，我尽一切的努力让自己在家庭与事业中兼顾着、平衡着。但不得不承认，照顾孩子和家庭让我几乎筋疲力尽，无暇顾及曾经的梦想与事业，公司的发展停滞不前。27 岁那年，儿子的出生让我完成了传统家庭要求的使命，在孩子们的哭闹声中，那个曾经满载我梦想的公司结束了。我在一群长辈的劝说下回归家庭，当起了名副其实的全职太太。

许多奔跑在打工生活中的朋友十分羡慕我这种衣食无忧的全职太太生活，并认定这就是她们的目标。但日复一日的柴米油盐和满屋子凌乱的玩具让我迷失了自己，对生活充满了厌倦，我不止一次问自己：我究竟为什么而活？为父母？为孩子？为老公？我才 27 岁，人生从此就只剩下相夫教子、逛街购物、做美容修指甲、和一堆身材发胖的妈妈聊老公昨晚为什么又没回家吗？我知道不是但也不知道应该是什么，每一天都过得很不开心，我感觉自己处于抑郁症的边缘。原来没有梦想的人生是很可怕的！

没有梦想的家庭也很可怕，与父母喋喋不休地争吵，忍不住对孩子们大吼大叫，对老公充满猜疑与不理解，整个世界一团糟。直到有一天，我在书店里看到一本书，叫《女人明白要趁早》。《序二》有一句话：做自己想做的人，过自己想过的生活。于是我果断把书买回家，看了又看。然后我告诉自己，家庭主妇不是我的梦想，我要找到我自己，做我自己想做的人！于是我买了一台相机，开始走出去，想换一种生活，换一个角度去看不一样的世界。

第一次背着相机出游去的是云南大理，因为我从小就喜欢杨丽萍老师，所以我慕名到大理双廊，在太阳宫外面看着苍山洱海呆坐了好久，思考着我的未来。回来之后，我写了一篇关于大理双廊的游记，刊登在《旅游周刊》和《羊城晚报》上。摄影让我从不一样的角度发现美好的东西，便一发不可收地爱上了。我读书的时候读到过一句话：梦想是要有，但是梦想往往会降临在有所准备的人身上。后来想起，当梦想实现的那一刻我发现，我的一切准备似乎都是为了实现这个梦想而做的。

实现梦想的前提是敢想也要敢做，光喊
着口号不行动，梦想是永远不会实现的！

追逐梦想

2012 年，杨丽萍老师的舞剧《孔雀》在广州大剧院上演，当我看完这台演出后彻夜无眠，除了视觉上的冲击力和唯美的舞蹈，我看到了更多……当我看到一个五十多岁，跟自己妈妈一样年纪的女人在舞台上面，依然毫不费力且带着灵魂跳着 30 年前的舞蹈。在大部分人都已退休的年纪，她依然骄傲地站在舞台上实现着她的梦想，那一刻对于我来讲，震撼是巨大的。剧中的孔雀是人的化身，在经历初生的喜悦、盛夏的轰轰烈烈的爱恋、秋的萧瑟分离后，在寂静的冬天皈依自然的怀抱……我正处于盛夏，应该充满激情与梦想的年华！我问自己，为什么有些人可以一辈子都在实现自己的梦想，那将是一种怎样的坚持？从广州到深圳再到厦门，我追着看了 5 场《孔雀》之后，在我的努力坚持之下，我走进了杨丽萍老师的世界，开启了我人生的一段奇妙的旅程，一步一步地实现了那些曾经以为遥不可及的梦想。

我第一次跟杨老师有非常近距离的接触，是在北京《孔雀》的发布会上，我自告奋勇去当义工帮忙，之前开广告公司的所有经验突然间就派上了用场，从策划到执行都是我驾轻就熟的，当一切准备就绪，举办发布会的前一晚，杨老师公司的总经理告诉我，第二天由我来当主持人。我当时什么准备也没有，但我告诉自己我必须做，有这样一个机会我不能放弃，连夜背稿。实现梦想的前提是敢想也要敢做，光喊着口号不行动，梦想是永远不会实现的！

第二天我就上场当了主持人，不管效果如何我坚持做到了。结束以后我在杨老师接受采访的时候背着相机站在她旁边，她看着我，问了我一句："你会摄影吗？"我说我喜欢摄影，她说："那你帮我拍张照片吧！"我当时特别紧张，拿着相机的手在发抖，全身都冒汗，一开始拍照片不是特别顺利，也不是特别满意，因为我并不清楚她哪个角度最好看，但我没有放弃，一直在拍。那一次杨老师记住了我，后面便顺其自然地跟着她巡演，我负责拍照的工作。其实拍照并不是一件很轻松的事，是很多"温室花朵"无法忍受的，相机本身就很重，在现场抓拍还需要跑得很快。不能穿漂亮的衣服，因为时刻要蹲着、趴着或者是爬着。想占据最佳的位置，一定要不顾仪态地拼命往里面挤。我觉得是我做事情的认真和执着慢慢打动了杨丽萍老师，她开始特别信任我，主动邀请我陪她去采风。

当梦想照进现实

从此，我追随着杨老师的步伐，重新在家庭与梦想间找到了平衡。我认为家庭并不是一个女人的所有，母亲是孩子们最好的榜样，我希望我的孩子们拥有的母亲是一位热爱生活、有梦想有追求的人。在安排好家庭后，我抽空背着相机，跟着杨老师从圣洁的香格里拉走到乌托邦般的格拉丹草原……她用心地带我去感受大自然的美好，我用心地为她留下许多珍贵的画面。实现梦想的第一关键词便是"用心"二字，从未受过专业舞蹈训练的杨老师，几十年如一日始终"用心"在舞蹈，无论在舞台上还是在一棵树下。我没有学过专业摄影，但我一直在"用心"做这件事情。

2015年4月的一天，杨老师给我发微信，告诉我她家的月季花开满了整个花园，说我再不去看就要错过了！第二天我便从广州飞到昆明，我提着行李推开她家花园的门，一大片排山倒海娇艳欲滴的鲜红色映入我的眼帘，站在花树底下的杨老师转身看着我点了点头，那是怎样的一种美！我马上举起了相机，那一刻我多么希望时间能够把她和那些花朵永远定格，永不凋谢，时间不行，相机可以。第二天，昆明下了一场暴雨，一夜之间，一地落花……我看着那一地的花瓣，庆幸我已定格下那些转瞬即逝的美，有朋友打来电话告诉我昨天拍的照片上了各大新闻的头条，我兴奋地跑去告诉杨老师，她笑着对我说："你要火了！"再然后，又有了那组被疯转的"雀之灵"。一夜之间，杨老师成了美好的代名词，她的花园她的生活方式变成了许许多多人的梦想，各种公众号以我拍的照片讨论同样的话题：女人如何能够活得如此精彩！这些都是特别真实的活法，杨老师从不怠慢每一天，哪怕是自己一个人吃饭，餐具和摆盘都要最美的。她经常对我说，人生并没有多长，要过好每一天，每一天都应该活得美好！我用我的镜头把这些特别美好的不一样的活法展现给大家，在当今的社会这样的正能量是多么可贵。后来我的微博里收到上千条私信，表达的都是感谢我让他们看到如此美好的世界，让我非常感动，我突然觉得我是有人生价值的，活得特别有意义！媒体记者称我为"镜头后的粉丝励志姐"。

这几年，我亲眼看着被外界誉为舞蹈界女王的杨丽萍老师是如何追逐她的梦想。所有人都看得见她在舞台上的美丽光环，舞台下她那份对梦想一丝不苟的执着让人惊叹。每场演出之前的每一次对光她必定亲力亲为，细致到每一件演出服上的羽毛是否平整，每一个剧场的环绕声是否足够，每一缕灯光是否完美，她几十年都不曾改变坚持高要求。不记得多少次她对光到半夜，工作人员已下班，我在一旁已昏昏入睡，她对我说，观众买票来支持她，她一定要对每一位观众都负责任……她的一点一滴改变着我的三观，改变着我对人生的追求。

杨老师曾经问我："当梦想照进现实，有没有什么特别的感受？"我回答说："当梦想照进现实，让我知道拥有梦想是多么有必要，让梦想实现需要勇气与坚持。"

在看完《女人明白要趁早》后，我关注了作者王潇的微博。那个时候我从没有想过会有一天，杨丽萍老师和王潇会和我一起坐在我家的沙发上，喝着红酒聊人生，在我 30 岁那年，遥不可及的梦想已变成触手可及。再后来，我们合作把舞剧《孔雀》做成了春夏秋冬系列手册，把美好的东西分享给了更多的人。

一辈子的梦想

2014 年年底，舞剧《孔雀》第二次在广州大剧院演出，我邀请王潇来看，演出结束以后王潇告诉我，说过几天的"趁早"年会演讲终于知道要说些什么了。她在"趁早"年会上的演讲里说道：《孔雀》让她看见了杨丽萍毕生灵魂的样子，这就是我们都想要的人生，用最爱的方式疯魔地活，活到淋漓，率真简单但是极致。"她把这些收录在她 2016 年出版的新书里，叫《按自己的意愿过一生》，并送了一本给我，扉页里写着"按自己的意愿过一生，这是一句誓言"，这句话狠狠地撞击到我的心里，世界上有几个人能按自己的意愿过一生？杨丽萍老师可以，王潇可以，那么我呢？我买了"趁早"那本叫"遗愿清单"的手册，认认真真地写下我所有希望实现的梦想，并期待不久的将来能打上许多个钩。我要把这本手册留给我的孩子们，让他们知道梦想并不是遥不可及的，万一真的实现了呢！

　　谨以此文献给在梦想的道路上一直追逐着的我和你。

作者简介：

陈玲，1983 年出生，毕业于华南师范大学经济学系，后创立广告策划公司；2013 年起跟随舞蹈家杨丽萍老师拍摄了大量照片，并多次成功策划新闻头条话题，把"杨丽萍生活美学"方式广泛推广，创立了民族服饰品牌："杨丽萍设计"，家具品牌："杨丽萍艺术家居"及"杨丽萍艺术空间"。

尽头没有别样的风景，
但幸好，我曾路过

> 文／葛雅妮（Wanderer）

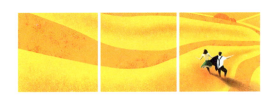

生命会给予每个人一把尺子，

在这一生中，

我们要学会如何用这把尺子去丈量这个世界。

1

凌晨，候机大厅，待起飞的归国航班，和所有擦身而过的陌生旅客。我打开电脑，开始敲打键盘。

我一生的计划

建立时间：2014 年 10 月

完成期限：2017 年 10 月

大学毕业的第七个年头，我和身边所有人一样，循规蹈矩地行进在人生的路上。在岁月的期许中长出了皱纹和眼袋。除了做不完的工作，打不完的电话，处理不完的人情世故，连自己那点可怜巴巴的休息时间也不得不花在公司培训上，唯恐不进则退。只能用不断增长的银行卡存款数额麻痹自己的所有感官，沉浸在无知的幸福感里。只是，在夜深人静的时候，我不时会质疑自己：为什么开始和世界握手言和；为什么要选择进入世故圆滑派；为什么要去适应那些不那么美好的游戏规则；为什么随着年龄的增长、视野的拓宽，梦想却在缩小，直到看不见？

有一年，我因为工作压力和熬夜，连续数月感冒发烧。去医院已经成为家常便饭。有一次在医院走廊准备搭乘电梯的时候，身旁一个轮椅上的病人突然把盖在身上的被子猛地踢到地上。然后他掐住自己的脖子，呼吸变得困难，脸色也逐渐变得通红。护工迅速做出反应，开始急救。但是那个病人还是因为脑缺氧去世了。我被眼前的场景吓坏了，挪到墙边倚靠着墙，借着外力支撑着发软的四肢。当医护人员把他推走的时候，我躲在墙角，紧闭着双眼，不敢睁开。随后的几周，我仍不敢回想当时的场景。脑子每天都在高速旋转着，很多声音窜进来试图跟我对话。"他知道自己去世了吗？他的家人会有什么反应？如果躺在那里的是我，我连和家人道别的机会都没有，更无法去安慰他们的悲伤。我要是不在了，谁还会记得我？我是不是该做点什么？"那种恐惧感让我第一次体会到生而有日，死不知期。我的生活既像卓别林影片里的生产线工人，更像世界熔炉中的一个消费品，等待我的是必然的消亡。海德格尔说过："看清人生的有限，才能看清发展的无限。知死守生，视死而生，轻死重生。"这只能走一回的单行道人生，我该怎么做才能不回头地向前？

2

"人总是需要在困境和逆境中与内心的那个自己进行交涉和解。需要去说服自己做出改变。这也就是为什么人最大的敌人往往是自己。"

在反复思考了几个月后，我做出了一个重大决定。我要给自己做一个"一生的计划"，用三年时间去重新认识和定义我自己。我要慢下来，借着这个机会，去尝试一切想做的事情，并在这个过程中，努力找到属于我自己的生活意义。如果能用三年的思考换来三十年的透彻，这笔交易我赚定了。跟家人提出这个想法的时候，我受到了很多的阻碍和规劝。站在长辈角度，我也能理解他们的不解和顾虑。几番斡旋之后，父亲提出了一个方案，让我在接下来的三个月内，每天都记录一下自己对于这个决定的想法。如果最终确认这是我想要的选择，他们会支持我。三个月后，揣着记录，我离开了那份高薪工作，离开了蓝天白云的海外生活，离开了安稳。当时没有朋友圈，也没能帅气地写下"世界很大，我想去看看"的豪言。

3

"如果人生意味着不可逆转的衰落，我应该善待它。"

舍弃过去，是为了能彻底地做出改变。我买了第一本如果你的心中有一团火，你应该让它燃烧得更旺。

"趁早"效率手册，由此开始量化日常生活，用数据来记录自己的每一天。以前的我很不喜欢管理自己的时间，讨厌刻板喜好随性，觉得打卡什么的太死板。但看完《女人明白要趁早》以后，我被作者有规划的高效生活震撼了。这太帅了，我需要向她学习。之后我开始了第一个月的尝试，然后是半年的坚持，慢慢养成习惯延续至今。每次翻到量化记录的时候，我总能很清楚地记起当时的事件。对于现在的我来说，过去的从未真正地过去。这个新的觉知彻底颠覆了我的整个价值观和人生观。曾经的混乱作息、永无止境的工作，让我无情抛弃了许多善待自我的机会。我需要把这些缺憾一一弥补，一切都还不算晚。

　　为了在前行途中不孤单，我开始寻找同路人，并且加入了成都趁早读书会，成了管理团队中的一员。开始认识更多同频的人，聆听别人的成长故事，一起精进自我管理。周末的读书会和跑团活动，让我回国以后的新生活充满了乐趣。我感到自己像被撕裂一般，新的肌肉从贫瘠的人生中长出，疼痛而痛快。随后的自我管理升级到了更多的项目——我开始到健身房进行系统性举铁，通过管理和记录自己身体的变化，来了解躯体状态，做出最适合我的训练计划。用数据记录自己体脂变化，并且通过调整自己的饮食结构，来控制肌肉的生长。我就这样慢慢地喜欢上了自我时间和身体上的管理。

经过一年的坚持，我的效率手册记录下了六块腹肌的形成，参加的五场半马比赛，连续 100 天英文写作，连续 100 天早起，连续 100 天英文晨读。虽然打卡时也有挣扎和懒惰的时候，但想到能在有知的时候穿越痛苦，从中得到快乐，体会到斯多葛讲的"用生命本身的斗争去证明自身的存在"，懒惰和痛苦反倒成了动力，将那些与意志力博弈的苦难，对生命意义的踌躇迷茫、对喜怒哀乐的麻痹感，都一点点地击碎、吹散。所谓无知的幸福不叫幸福，有知的幸福才是幸福。在日复一日犹如苦行僧般的坚持中，我开始用身体上的痛苦战胜精神上的痛苦，并对幸福逐渐产生强烈的感知。我终于不再像悬在半空的可怜虫一般陷于失重、无实感的恐慌，而是可以安心地、自信地将脚下的每一步都深深印在厚重的土地上。

2015 年，我又做了一个重大决定——创业，而且是我一直心有所想的健康餐饮。三年之约，我用了三分之一的时间找回自己；剩下三分之二的时间，就用来试错吧。我把之前的存款留出一部分备用外，余下的全部投进了梦想。就这样，我把自己逼到了退无可退之境。创业初始阶段，我屏蔽掉所有否定的声音，全身心投入到项目的运营中。我深知作为一名创业者，需要的是有遁世之勇去面对孤独和以入世之气量去承担种种非议。对外我是公司负责人，写计划、同供应商谈判、讨论合作事宜。对内我会洗碗、抹桌、擦窗；会在凌晨四点起床送货；会在停车场里，因为太累，趴在方向盘上睡着；会因为送货晚到五分钟，被前台小妹骂得想摔门走人。

创业的辛苦程度丝毫不亚于几年前的那份高薪工作，但我知道，曾经的自己只是眼睁睁看着生命被消耗却不知意义何在；而如今，我在对我的生命负责，我在为它搭建起一条适合它的路——这条路，就是属于我自己的。如果你的心中有一团火，你应该让它燃烧得更旺（If you have fire inside, you should set it free）。创业的第一年，因为坚持时间管理，我变得越来越自信。我的目标更加清晰，也更加懂得量力而为。每次看到自己记录下来的工作所得，我都能感受到成长的激励，每一步都是一个深深的脚印。

生命会给予每个人一把尺子，在这一生中，我们要学会如何用这把尺子去丈量这个世界。生活就是修行场，不管你有多少方法论，都需要在现实中去践行它。而我的创业梦想，帮助我成为了更好的自己。尽头没有别样的风景，但幸好，我曾路过。

4

"如果有明天，那么此时此刻做此事；如果没有明天，那么我此刻依然会做此事。活到淋漓，随时可以死去；如果幸运地可以活到很老，那么今天的所为要让明天淋漓。"

现在距离三年期限，已经过去一年多的时间。回想当时的选择，我很庆幸自己没有止步于虚无。今天的我比以往活得更加透彻。通过调整适应，我有了更强的感知力、认知力和执行力。更加了解自己的同时，也能帮助家人、朋友以及身边的人明白生活的意义和自我认识的重要。"自觉觉他，白度度人。"如果现在的你，有着类似的经历，我希望你不要在悲观中沉沦，也不要在外部环境愈演愈烈的撕裂中缴械投降。人生就是推翻自己，重新再造的过程。我想说，在不长的人生中，要勇敢走出永恒的舒适区，摒弃懒惰，去认识那个更真实的你——know thyself（古希腊格言），让自己的一生没有太多遗憾。人终归一死，不如"按自己的意愿过一生"。

作者简介：

葛雅妮（Wanderer），曾就职于世界 500 强，现在是创业者。成都"趁早"跑团负责人，热爱健身的马拉松跑者，晨读万人团全国负责人。毕业于英国约克大学，研究生期间成为英法 Globecom 项目金奖获得者。用三年完成了环球旅行计划—— 33 个国家，80 个城市。

穿行在别处

▶ 文 / 冷公子

梦想不该是关在笼子里的囚鸟，

应当是穿行在别处的风，闪闪发亮。

冬天的海

2014 年最后一天，我终于圆了一个梦。一个六年前写在愿望清单上的梦：冬天去看海。

我生活在内陆平原，没有山，没有海。十几岁时，终于第一次去海边，夏天的海边，有着许多的人。喧闹，热烈，但我心里隐隐有一些失望。去看看冬天的海，也就成了后来的一个愿望。2014 年冬，算不上说走就走的旅行，只是结束了一件重要的事情，想离开熟悉的环境，躲开节日的热闹，一个人去走一走，于是就走到了烟台。

没有很长很满的行程，也没有很丰富的相遇。我去见了一个要好的哥们儿，第二天又顶着风雪告别他们一家，去了预订的青旅。安顿好之后，出门去附近的海边，晚上的海，清晨的海，中午的海。我把冬天的海，完整地看了又看。

北方冬天的海，是冷冷的蓝色，在风中翻起一片又一片的浪，砸在沙滩和岩石上，又碎裂成白色的浪花，没有人，也没有船，只有海水和无尽的风浪。晚上的海，更加寒冷，甚至有些危险。分不清天和海的颜色，远处的一点星光，闪在翻滚的波浪里。原来那就是海风的声音啊，粗犷不羁。海、城市，无论是什么，都笼罩在黑夜里，好像第二天就又是新的样子。

所有的地方都在举办热闹的晚会，兴奋地倒计时，我终于一个人，在别处，在风雪里，在海风中，在实现愿望的开心中，走进了 2015 年。

张三的歌

"我要带你到处去飞翔，走遍世界各地去观赏。没有烦恼也没有那悲伤，自由自在身心多开朗。"

第一次听到《张三的歌》时，是电视上的选秀比赛，像被击中一样，然后就开始了无止尽的单曲循环。很多版本中，最喜欢李寿全的声音，有一种阅尽千帆的沧桑感，却还留着年轻的希望。向好友分享这首歌时，她说：你果然是听歌词的人啊。后来她发来一张照片，是我坐在 798 的咖啡馆外休息时她拍下的。她在照片下附了一行字：致我的流浪诗人。

想起美国画家爱德华·霍珀的三幅作品，《缅因州的公路》《加油站》和《荒僻之地》，在他的画中，总会出现加油站、铁路和火车站，在那些明暗的光线和场景背后，发现隐藏的生活的诗意，像是流浪者讲述的话。

当年华兹华斯结束阿尔卑斯山之旅后，他在给妹妹的信中写道："此刻，当眼前的景物浮现在我脑海时，我带着非常愉快的心情仔细思索着。今后的每一天，只要忆及这些印象，便能从中感到快乐。"那年的毕业旅行，没有华厦没有华服，之后却能时常忆起看过的画、写过的信。这些瞬间如同华兹华斯说的"时间的凝固点"，刻着那些遥远的地方。

前天好友发来一张旧图，摄于六年前北京的夜，身后的街灯模糊，我回头笑，年轻的脸上看不到一点烦恼。在书房的盒子里，放着一沓信封，装着的是年轻时的足迹。信封会继续增加，我们也都没有停下。就像歌中所唱："我们要飞到那遥远地方，望一望这世界，还是一片的光亮。"

我不曾放弃，也不曾离开，远方或近途，总是走在路上。

远方的路

旅游成了跟团走马观花的代名词，而旅行却变成了文艺小清新的必备选项。人总是向往居住地以外的地方，波德莱尔说，对旅行的幻想，是一种标记，代表高贵的追索者的灵魂。

早些年我总是觉得，出门要收获些什么，要改变些什么，把一些开始和结束都寄予在远方和路上。后来，慢慢地回归自然，不想称之为旅行，更想称它为随便走走。觉得这是理想的状态，并非像以前的自己那样一定要有些感悟，要升华自己的思想，否则便觉得辜负了路上的这些好时光。现在，只是去走走看看，去城市中看看想看的景致，逛逛市场，尝尝小店，听听附近大婶聊天，坐在街角看看红绿灯前的人们与车辆，然后背起包坐车离开。去有自然风光的地方就更加随意，听风听水听天上的云来云往。路上的那些好时光都真切地留在心里，又何来辜负呢？

我想把旅行称为"在别处"，生活在别处。希望在未来的时候，我可以每年或者每几个月，有一些时间可以在别处，以生活者的身份过别处的日子。这是我理想中的旅行方式，随性而自在。

如果为旅行定下一个主题，那我所向往的，应该是美食之旅、艺术之旅和历史之旅吧。去每个喜欢的国家、城市，或者小镇，去吃好吃的食物，去品尝不同的文化；去画中所描绘的地方，去每个艺术的源头，去感受艺术的魅力；去不同的图书馆；在古老的建筑物和街道上，去寻找曾经发生过的历史。

如此，很多很多，没有尽头，也没有边界。只盼能用眼睛，用笔，去留下在别处的日月星光。

或许我们喜欢的是出发时对既有生活的暂时抛却，是在路上遇到的未知与偶然，是回程中重新拥有的细微却可以丰富人生的想法。

旅行不是全部，也不是刻意的，是生命不可或缺的一块拼图，是不断延伸的路。

枕边的书

"行万里路"的上一句是"读万卷书"。如果说旅行能催人思索，那阅读则提供了可以思索的能力。《旅行的艺术》中有一段话说得恰到好处："旅行的一个危险是，我们还没有积累和具备所需要的接受能力就迫不及待地去观光，而造成时机错误。"避免这种危险出现的最好方法，便是常读书。

我的书房一般情况下不许别人进入，因为那是一个完全属于自己的领地，里面藏着一个精神世界。

枕边除了常常翻阅的一两本书之外，通常会放两三本近期读的书。在床头橘黄的灯光下，读完一本书，可以是悠闲的舒国治，也可以是沉思的蒋勋，或者是冷静的米兰·昆德拉，你会觉得，文字像是一张通行证，得以进入作者的精神世界，通往你想象不到的地方。

前天读完《禅与摩托车维修艺术》，作者罗伯特带着儿子克里斯，骑摩托车从明尼苏达州的圣保罗横跨美国大陆，抵达旧金山，在路上渐渐找到问题的答案。在阅读的过程中，我仿佛也和他们一样，穿过美国空旷的公路，看到不曾注意到的内心。

或者也可以像塞维尔·德·梅伊斯特一样，穿着粉红色和蓝色相间的睡衣，心满意足地待在自己的房间来一场"卧

旅行不是全部，也不是刻意的，是生命不可
或缺的一块拼图，是不断延伸的路。

室之旅"。因为帕斯卡尔说人类不快乐的唯一原因，是他不知道如何安静地待在他的房间里。所以当我们向往远方之前，不妨先关注一下我们已看到的东西。当然也包括常常会提到的，初心。

内心的梦

我总是时常想起我那写满了梦想的小册子，名字是"死之前要做的 N 件事"，上面列了一条又一条，许多想要尝试的东西。无奈早年的我偏偏是个内敛又有些怯弱的人，至今完成的也不过三五条。好在近几年有所长进，对于那些蠢蠢欲动的念头与希望，我终于鼓起勇气，让它们在现实中开始慢慢起航。

我曾与友人谈及人生梦想，她说为什么一定要有目标，目标就那么重要吗？比起成功的人生她要的是有趣的人生，结果无所谓，只要有体验。然而对我来说，一定要有目标，体验和结果同样重要，有趣和成功也并不冲突。我不想再把自己的爱好广泛却不能坚持的缺点称为重在体验，我想做的是，认真地玩儿，玩儿得更畅快。不以实现为目的的目标，都是耍流氓。

午间吃饭时，路上人很少，落叶铺满了小路，靴子踩过落叶，发出破碎的声响，又有落叶忽然落在身上，然后掉下去。树木虽已无多少绿叶，映着金黄落叶，竟也不觉颓败。曾静置心中的梦在燃烧，在升腾。我一瞬间觉得，自己就好似独行的剑客，走在秋风里，走在江湖里，走在孤独里。去刺破无尽阻碍与一路目标，然后收剑入鞘，淡然笑春秋。

梦想不该是关在笼子里的囚鸟，应当是穿行在别处的风，闪闪发亮。

作者简介：

冷公子，一个喜欢读书的厨子。不爱说话爱写字，不爱张扬爱反思。无法忍受不读书的生活，也无法容忍不自律的自己。梦想之一，是能出版一本自己的书。梦想之二，不告诉你，微博 @船医 -Tonytony 乔巴

后来，她成了一个战士

▶ 文 / 伊心

我们生来脆弱，因为我们是女人。

我们生来强壮，也因为我们是女人。

1

我在网络上写作 3 年，写过很多女孩的故事，也收过太多女孩的求助邮件。

她们在邮件里问我："伊心，我才 24 岁，所有人都在逼我结婚，该怎么办？"

"我是一个两岁孩子的全职妈妈，感觉生活一天天都在向深渊沉坠……"

"我淹没在柴米油盐之中，未来到底何去何从？"

"我想实现更大的梦想，可眼下，好像什么都做不成。"

我懂她们心头像雾一样的迷蒙，也懂她们无时无刻不在的"无力感"。

一个女生最大的荣光，恐怕就终结于高考的那一刻。

从那之后，更高的学历、更大的职场、更远的远方都似乎没有了意义，所有人对女生的要求就是——太聪明不好，太厉害不好，找个差不多的男人就可以嫁了，否则只会变成没人要的大龄剩女……

女性扯掉了裹脚布，终于能够快步走在路上，熠熠生辉。

女性摆脱了男人可娶"三妻四妾"的婚姻制度，终于能够追求平等的爱情，不再以夫为尊。

女性走出了家里一处四方的小院，终于可以选择自己的职业，甚至亲手创造自己的命运。

然而我们的世界，竟然至今都在低估女性的力量。

我们身边，竟仍有那么多人，认为没有婚姻的女性就可悲可怜，在职业上倾注过多精力的女性就不是合格的妻子和母亲。

难怪那么多女孩向我写信求助，她们在漫长的青春中好不容易找到了真实的自我，却无法向身边之人解释她们的生活方式。

她们漂浮在异乡、漂浮在异域、漂浮在人人如蜉蝣一般朝不保夕的城市里，从未有一刻找到过内心深处的力量。

所以这个时代，尽管最流行的词汇是"她时代""她经济"，可我更喜欢的却是"她力量"。

2

2016 年的春天，我和我的合伙人在一万次讨论了"她力量"之后，终于就这个主题开展了线下活动。

望着台下那些柔软如水的双眸，她们安顿好家里刚刚入睡的孩童，暂停了手中正在写着的工作报告，放下数学参考书，英文单词本和正在读的小说，轻轻地来到我的身边，想和我一起探讨"她力量"究竟是一种什么样的力量。

我最爱和她们讲的，是两位女性的故事。

第一位，叫玛格丽特·桑格。

这位出生于 1879 年的伟大女性，创造了"计划生育"一词。

她年轻时从事护士工作，在目睹一个 28 岁的年轻母亲因为私自流产而出血感染，不幸去世之后，她的心坠入黑暗。

这位母亲，已经生育了三个孩子。可在那个女性根本无法选择生育权的时代，她不得不忍受无止境的受孕、生产，最终因流产而死亡。

类似的故事，在当时的世界，并不少见。

所以在那个令人悲痛的黎明，玛格丽特·桑格毅然决然地许下誓言："我决定从此以后要改变母亲们的生存现状，她们的苦难广漠得如同天空。我将让女性获得节育的知识，她们有权理解她们的身体。我将出击，将站在房顶上尖叫，我将告诉世界，女性的可怜生活，我将被听到，无论代价多大，我都将被听见！"

从那之后，她成为一名"计划生育战士"——编纂节育书籍，宣传节育用具，在报纸上书写性教育专栏，向每一个女性传达节育知识。

这个在黑白照片中看起来如伯爵夫人一样端庄的姑娘，用原本不属于她柔弱身躯的力量，顽强地投入到这场旷日持久的战斗中。

　　人们如今视为寻常知识、习惯以及生活，在她的时代，推广的过程却遭遇着我们难以想象的困难。

　　她宣传的节育书籍和节育用具被美国政府视为非法物品，她甚至因此遭受牢狱之灾，被打压，被流放，一生颠沛流离。

　　但她未曾有一刻放弃自己的诺言。她甚至呼吁美国政府立法，来捍卫每一位女性在婚姻中的尊严。

　　随后的一百多年里，多少人的命运被她改变。她们不再是生育工具，她们终于可以掌握自己的生育权，从而掌控自己的生活、寿命乃至命运。

3

　　第二位女性，尽管只活了三十多岁，却和玛格丽特·桑格一样，如星耀目，如灯长明。

　　她叫张纯如，是个祖籍南京的华裔女孩，和所有普通的孩子一样，在美国出生、长大。

　　她的父母皆是哈佛大学的博士，她也在美国著名的高校毕业，成为一名记者，原本可以过上富足、优渥、安宁的一生。

　　可她在 28 岁那一年看到一部关于南京大屠杀的纪录片。她震惊于其中的惨痛，更震惊于她和西方社会对于这场暴行没有人可以禁锢我们的梦想和力量，除了我们自己。

的全然不知。

从那之后，这个美丽纤弱的女孩变成了一个人权斗士。

她数次千里迢迢从美国赶至南京进行调查，采访当年的受害者。她日日夜夜沉浸在浩如烟海的历史资料中。

因为那段历史过于黑暗和畸形，她患上了重度抑郁症和失眠症。但即使身心严重受损，她仍然靠着强大的意志力完成了《南京大屠杀》一书。

这本书，一上市即登上了《纽约时报》畅销书榜。她收集的所有素材和史料，完整又真实地还原了南京大屠杀的全貌，在国际社会上引起了惊雷般的震动，促使西方国家就二战赔偿问题不断向日本施压，甚至扭转了世界对于二战的认识。

由于这本书带来的巨大反响，中国在二战中所付出的巨大牺牲和在东亚战场上起到的关键性作用被重新估量。

因为身患抑郁症，她在36岁那年自杀身亡，告别了深爱她的父母、丈夫和年幼的儿子。就在那之前，尽管精神数度濒临崩溃，但她仍然坚持在公开场合发表演讲，并进一步深入对二战的研究，为推动人权事业做出了努力。

就像她的英文名字"Iris"一样，她变成了一个彩虹一样的人——稍纵即逝，却灿烂如花。

其身后的回响，如滚滚雷声，震惊世人，从未止息。

4

每每讲到这样的女性和她们在短暂的人生中所迸发出的如岩石一样的力量，我总看到身边的女孩们眼睛里开始闪烁微光。

我喜欢一切具备"英雄主义"的女性。我收集她们，像收集一颗一颗的星星，反复揣摩，然后珍藏于心。

面对那么多人相似的困惑和焦灼，我其实从来不知道该怎么应对催婚甚至逼婚，更不知道该如何跟一个独自在北上广打拼的女孩说："加油，坚持下去！"我甚至无法解答她们任何的难题。

但在"她力量"的线下活动中，当我一次次讲到那些伟大女性的故事时，我看到那些星星的碎片落入女孩们的眼眸里，随后点燃一片感动、振奋又昂扬的光芒。

我猜她们一定和我一样，都在感叹："原来我们不仅可以成为想成为的人，我们还能够实现更波澜壮阔的英雄梦想。"

后来她们也跟我讲述过发生在身边的"她力量"。

有一位开办工厂的姑娘。她16岁高中还未上完便不得不辍学，从云南乡村去了广州打工，随后进了一家服装加工厂，成为一名流水线上的女工。

她向公司总部的邮箱里投递邮件，向主管提出流水线的管理漏洞与改进措施。她还在工厂昏黄的台灯下自学完成了高中乃至大学工商管理学科的全部知识。

我遇见她的时候，她刚刚在自己的家乡开了一个工厂。用尽全部积蓄，耗费了近一年的时间选址、商谈投资，终于顺利开办，吸收了家乡附近几百个闲置女工。

她们不必再背井离乡、外出打工，不必再让孩子成为孤独的留守儿童。

她说："她们的命运就是我的命运，她们的未来也是我的未来。"

5

如果你问我，什么才是女性的力量，什么才是所谓的"她力量"？

我想说，这些看起来那么微小的力量，都是"她力量"。她们就像一点又一点微弱的星光，一团又一团像心脏般跳跃的烛火。

我喜欢的作家张超在她的书里说："我们生来脆弱，因为我们是女人。我们生来强壮，也因为我们是女人。"

是啊，玛格丽特·桑格在大半个美国奔波游走，是出于内心最真实的柔软——唯有女性才能理解彼此的疼痛。

张纯如像潜入噩梦一样潜入半个多世纪前日军的暴行，是出自内心最真实的坚强——唯有女性才能明白那些不为人知的绝望。

这个时代是最好的时代，并且我相信它会更好。因为有那么多的女孩，在婚姻之外、在职场之外、在朴素简单的生活之外做着一切体现英雄主义的事情。

什么才是疲惫生活中的英雄梦想？

尽最大努力找到自己的力量，成为想成为的人，用我们的心愿去定义人生与未来，这就是疲惫生活中的英雄梦想。

我们不止可以学习工作，不止可以成为女儿，妻子和母亲，我们其实可以成为任何一个人：绣花的人，写字的人，养育植被的人，攀岩的人，冲浪的人，在硅谷赏玩科技的人。

没有人可以定义女性的一生，除了我们自己。

没有人可以禁锢我们的梦想和力量，除了我们自己。

我们要做的，当然不仅仅是抵抗逼婚，抵抗世俗的言论，抵抗一切认为"女孩应该怎么样"的指责。

我们要做的，还有找到最真实的那个自己，做一点让这个世界更美好的事情。

6

每次经历这样的故事，之于世界，不过是雪落黄河的一瞬。之于我们，却如同燃烧了整整一截青春。

我不知道那个被逼婚的姑娘，该怎么回到家中应对那些糟糕的亲戚，也不知道那个在纠结着要不要读博的姑娘，该怎么做出下一步选择。

但我猜，我们大抵都能从容一些，再从容一些。

以后，我们都会成为一名战士吧，手握刀戟守卫近处或远方，目光坦荡望向故土或荒蛮八方。

我知道我们的命运能被共同写就，我期待我们的未来会一日灿若一日啊。

作者简介：

伊心，深度文艺爱好人士，一面是青年作者，已出版畅销书《我比谁都相信努力奋斗的意义》，一面是自媒体人，四十万粉丝公众号"好姑娘光芒万丈"创始人，打造年轻女孩的成长学院，微博@伊心Jenny。

这世界没有弯路，
只有必经之路

> 文 / 企鹅妈妈 Alice

那些压不垮你的事物里，

有你最大的恐惧，也有你最终的坚强。

1

　　每次回想起那些自己被逼到无路可退的时刻，内心都像是一个压缩了整个宇宙的奇点。当你熬过奇点，之前所做的选择和坚持会让你之后的生活爆发出全新的可能性。多年后，你总会感恩那个时刻，那些生命里最糟糕的地方，说不定就藏有你此生最宝贵的礼物。

　　因为那些压不垮你的事物里，有你最大的恐惧，也有你最终的坚强。

　　我是一个插画设计师，也是一个热爱食物和摄影的美食摄影师。在我的插画里，经常出现色彩丰富的各色食谱，我喜欢画美食、做美食、拍美食，因为在那些与色彩和食物做伴的时光里，我是宁静的、平和的、回归的。我一直认为，要对生活保持热忱，因为我在对平凡小事的坚持中，找到了生活的平衡，找到了自己内在的秩序。它们帮助我安然度过了那些绝望的时刻。

　　没有人知道，两年前的我还是一个不会做饭、绘画零基础的普通白领，在每天看似稳定的生活里渐序前行。如果没有那些把自己打回原点的时刻，就没有现在这样自信地手握画笔和相机创造多彩作品的自己。

　　每个人在面对黑暗和不公的时候，都觉得自己没有选择。

我们会怨恨、会迁怒、会埋怨、会报复。所有人性中最糟糕的部分，都像受伤的野兽一般被释放出来。但如果自己开始意识到，一切根源都在于自己的内心，你就会发现你有选择理解、仁慈、勇气和原谅的自由。

在我本以为爬不起来的时刻，拿起了从来没有触碰过的画笔。于是在那些我睡不着的夜里，在那些没有人关照的傍晚，一笔一画地画着，这样简单重复的动作成了我心里最踏实的依靠。仿佛随着一呼一吸，随着纸面上越来越分明的明暗呈现，心中的郁结也从指尖溜走。

那段时间里，我把全部的时间都倒进了不为任何目的的创造中。让自己在喜欢的事物中自在流淌。每天睡前我就打好铅笔草稿，随身背着沉重的画具，在任何能抓住的时间空隙里给画面上色。为了自学摄影，我在阳台上搭了简易的影棚，各色反光板用厚纸板替代，自己上色，用细铁丝固定在不同的方位。我去市场把新鲜的蔬菜买回来，制作好搬到阳台，当作练习摄影的道具。我开始熟悉一天中所有时刻的光线，熟记它们打在食物上的光影变化。晚上，我再把当天的食谱画下来，把照片修出来，不断思考下一个进步的空间。那些日子，感觉像是与时光舞蹈。艺术和美是永恒的，因为它们是无期待的，是真诚的，是此时此刻。你可以借用宇宙中深切的美让生命得到自在彰显，活得自由如风。

我对自己说，就假装自己是美食家、画家、艺术家、摄影家。Fake it until you make it.

有一天醒来，你会发现，你早已活在自己最渴望的梦里。所有的黑暗和悲伤都退到好远，你仿佛在不知不觉间穿过了一条漫长的隧道，然后突然跌入了阳光的怀抱里。

2

现在的北京，冬的感觉越来越深了，但是天却越来越易见清朗。

风吹的时候会带着微凉，阳光一下子铺开后，带着温热蒸腾的地气儿，温暖了一院子的老杨树。

那天下午，我抱着儿子在楼下的河堤公园散步。眼前一条小河静静地穿过公园，流过远处的树林。前面是家，后面是夕阳。我突然意识到，所有的喜悦都不在逆流的地方。

原来就像河流奔向大海一样，这世界没有弯路，只有必经之路。如果我没有遇到那些过不去的坎儿，我生命的流向就不会发生转折，没有那些让人喘不过气的磨难，我就不会静下心来像修行般拿起画笔，就不会遇到此生满怀激情的爱，就不会挖掘出自己的内在天赋。

要对生活保持热忱，因为我在对平凡小事的坚持中，找到了生活的平衡，找到了自己内在的秩序。

3

　　真心希望自己，不要只为因果而活，不要只为目的而活。要做那些不含任何目的，因享受过程而发光的人。

　　看小说的人都知道，没有痛苦和历练的过程，人物不会饱满，故事不会成型，结局也不会让人感到意犹未尽、耐人寻味。人生也如故事一般，要有起承转合，才会完整。

　　突然想起小时候那段失败的初恋，天真的小男孩儿放学后背着书包，飞奔过夕阳下的天桥，故意调皮地跨过垃圾桶，跑到等他的看书的小姑娘身边，对着她一脸傻笑，额头上汗珠晶莹。

　　十多岁的我，经历了全然的爱慕、全然的绝望以及全然的投入，因而也拥有了纯真的感情，至今我仍对这段经历充满感激。

　　如果时间能够倒流，我希望，快乐一点不要少，痛苦也一点不要少。

　　如果能够坦诚地面对过去，那么也会有勇气面对现在。告诉自己，所有的弯路都是必经之路，学会接受就好。在每一个当下尽可能关注你想要的东西，而非你不想要的东西。你的排斥与拒绝能够集中更大的力量给予那些你执着的事物。

　　人生的一切都终将消逝，我们拥有的只是此时此刻，明知结果，却依旧选择全然投入，我们把它叫作勇气。

作者简介：

企鹅妈妈 Alice，美食摄影师、插画设计师、LOFTER 美食达人、企鹅视觉文化传媒创始人，轻食生活方式倡导者。毕业于中国传媒大学，后成为新东方教师。曾经因为怀孕而迷茫低落的她，因为坚持轻食生活和绘画，不但让她拥有了辣妈级的身材，也让她成了一个跨界高手和生活美学家。辞职后，她创立自己的工作室，借助美食和插画活跃于凤凰网、网易 LOFTER、行动派、咕噜生活家等平台，传达绿色健康、赏心悦目的轻食生活理念，深受热爱生活美学的女性所喜爱。

图书在版编目（CIP）数据

让我们相逢在更高处 / 王潇主编 .
— 北京：北京联合出版公司，2017.3
ISBN 978-7-5502-9758-6

Ⅰ .①让… Ⅱ .①王… Ⅲ .①人生哲学－通俗读物
Ⅳ .① B821-49

中国版本图书馆 CIP 数据核字 (2017) 第 023036 号

让我们相逢在更高处

项目策划　紫图图书 ZITO®
监　　制　黄利　万夏

主　　编　王潇
责任编辑　丰雪飞
特约编辑　宣佳丽　路思维　李美龄
内文插画　가영 (ga_0)　狐狸狐狸鱼　黄雷蕾 Linali
　　　　　허씨초코 (Heo jiseon)　함주해 (juhae)
　　　　　Lisk Feng　彭大明 i　秋刀鱼　Shelia Liu
　　　　　장유진 (Ujin)　仙球酱　yangmwahaha
装帧设计　紫图图书 ZITO®

北京联合出版公司出版
（北京市西城区德外大街 83 号楼 9 层　100088）
北京艺堂印刷有限公司印刷　新华书店经销
100 千字　880 毫米 ×1280 毫米　1/32　8 印张
2017 年 3 月第 1 版　2017 年 3 月第 1 次印刷
ISBN 978-7-5502-9758-6
定价：45.00 元

未经许可，不得以任何方式复制或抄袭本书部分或全部内容
版权所有，侵权必究
本书若有质量问题，请与本公司图书销售中心联系调换
纠错热线：010-64360026-103

希望你合上书以后，
会像经典故事中的英雄一样，
坦然接受自己的使命和命运，
踏上漫漫征程。